2022 Arbitration Survey:

Going Global of Chinese Enterprises

中国企业"走出去"仲裁调研报告(2022)

CIETAC

中国国际经济贸易仲裁委员会　编

China International Economic and Trade Arbitration Commission

法律出版社
LAW PRESS · CHINA
—— 北京 ——

图书在版编目(CIP)数据

中国企业“走出去”仲裁调研报告. 2022 / 中国国际经济贸易仲裁委员会编. -- 北京 : 法律出版社, 2022

ISBN 978 - 7 - 5197 - 7290 - 1

Ⅰ. ①中… Ⅱ. ①中… Ⅲ. ①国际商事仲裁 - 研究报告 - 中国 Ⅳ. ①D997.4

中国版本图书馆 CIP 数据核字(2022)第 209638 号

中国企业“走出去”仲裁调研报告(2022)
ZHONGGUO QIYE “ZOUCHUQU” ZHONGCAI DIAOYAN BAOGAO (2022)

中国国际经济贸易仲裁委员会 编

策划编辑 沈小英
责任编辑 毛镜澄
装帧设计 李 瞻

出版发行 法律出版社
编辑统筹 法治与经济出版分社
责任校对 裴 黎
责任印制 吕亚莉
经 销 新华书店

开本 710 毫米 × 1000 毫米 1/16
印张 15.25 **字数** 187 千
版本 2022 年 12 月第 1 版
印次 2022 年 12 月第 1 次印刷
印刷 固安华明印业有限公司

地址:北京市丰台区莲花池西里 7 号(100073)
网址:www.lawpress.com.cn
投稿邮箱:info@lawpress.com.cn
举报盗版邮箱:jbwq@lawpress.com.cn

销售电话:010 - 83938349
客服电话:010 - 83938350
咨询电话:010 - 63939796

书号:ISBN 978 - 7 - 5197 - 7290 - 1
定价:76.00 元

凡购买本社图书,如有印装错误,我社负责退换。电话:010 - 83938349

编辑委员会

前 言

近年来,国际形势复杂多变,中国企业“走出去”伴随种种风险,也因此产生了诸多涉外争议案件。以贸仲受理的案件为例,近4年来,涉外仲裁案件的比例不断上升,贸仲受理的双方当事人都不具有中国因素的纯国际案件数量也在增长,国际化因素显著增强。2021年,贸仲受理的案件涉及93个国家和地区,涉及“一带一路”国家案件超过百件。

面对涉外案件的逐年增长,为更好地服务中国企业“走出去”和“一带一路”倡议,提高中国“走出去”企业的风险防范能力,加强机构服务能力的建设,由贸仲和唐功远律师团队联合发起了2022年度中国企业“走出去”仲裁调研。

一、调研样本

本次调研历时半年,采取线上、线下访谈,调研,座谈会等方式,共发放问卷145份,访谈20人次,收集来自司法机关、仲裁机构、研究机构、企业等单位的专家和代表意见,以个案研究、专题讨论等方式研讨涉外仲裁的机遇和挑战,受访企业具体情况如下。

1. 受访企业类型:本次调研共有 145 家受访企业,民企、央企、国企约各占 1/3(见图 1)。

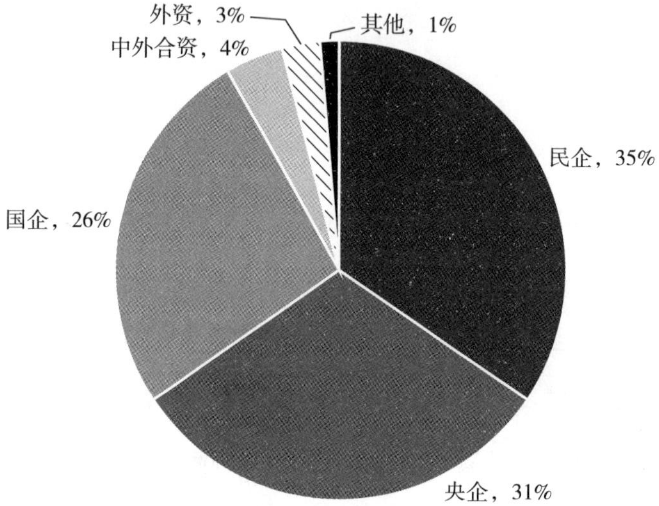

图 1　企业类型

2. 所属行业类型:本次调研受访企业分布行业广泛,约一半的企业分布在制造业、基础设施和工程建设行业、金融业、TMT[①] 行业(见图 2)。

① TMT,是电信、媒体和科技(Telecommunications,Media,Technology)3 个英文单词的首字母,是以互联网等媒体为基础,将高科技公司和电信业等行业链接起来的新兴产业。TMT 行业的特点是信息交流和信息融合。

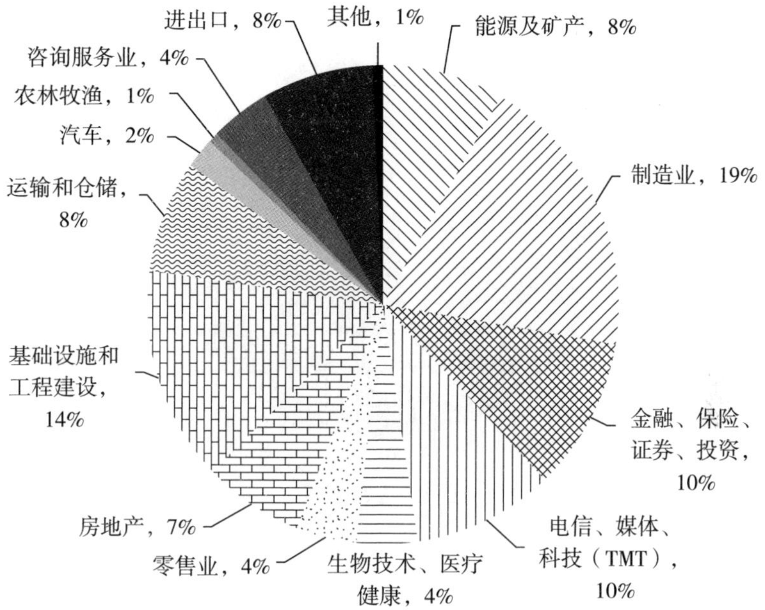

图 2 所属行业类型

3. 受访企业规模：本次调研受访企业中，约 1/3 的企业规模在 1000 人以下，接近 60% 的企业人员规模在 1 万人以下，5 万人以上的企业占 23%（见图 3）。

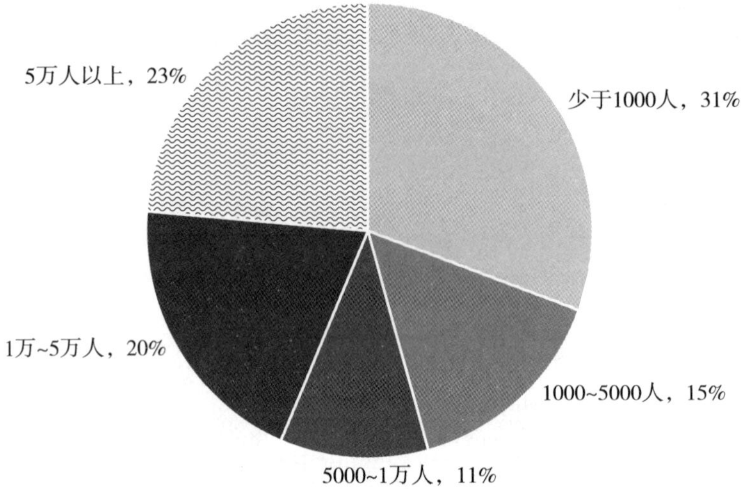

图 3 企业规模

4. 受访企业资产总额：本次调研受访企业中，55% 的企业资产总额超过 100 亿元(见图 4)。

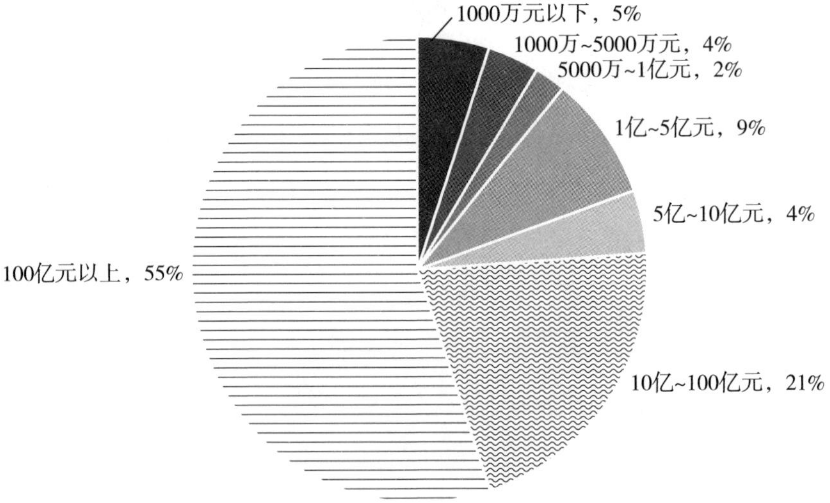

图 4 企业资产总额

整体而言，本次调研受访企业类型多样、行业分布广泛，以大中型企业为主，同时兼顾了小型企业，样本数据较全面、具有一定的代表性。

二、调研结果

1. 涉外纠纷情况：调研数据显示，中国企业"走出去"过程中发生的纠纷地域以东南亚、我国港澳台地区、欧洲和北美地区为主。近 60% 的受访对象曾在东南亚地区遇到纠纷，约 50% 的企业曾在我国港澳台地区遇到纠纷，约 40% 的企业在欧洲和北美地区遇到纠纷。在非洲地区遇到纠纷的企业较前述地区略少，但仍有 30% 的占比，不可忽视。

从纠纷类型来看，受访企业中，货物买卖合同纠纷和建设工程合同纠纷位居前列。

2. 以仲裁为主导的涉外纠纷解决机制：本次调研中，70% 的受访企业会在涉外合同中约定仲裁条款，86% 的受访企业表示会在"走出去"过程中选择以仲裁作为争议解决方式。

在中国企业选择仲裁作为争议解决方式的原因或影响因素上，仲裁机构的独立性位列第一，裁决执行力和保密性次之。

3. 较多中国企业选择贸仲、港仲、SIAC：本次调研显示，受访企业最常选择的前 3 位国际仲裁机构分别为：贸仲、港仲以及 SIAC。此外，较多的中国企业会选择中国香港特别行政区作为仲裁地。

在众多的国际仲裁机构中，受访企业对贸仲整体满意度最高，SIAC 和港仲分列第二、第三名。

4. 境内仲裁机构受理的年度涉外仲裁案件数量逾千件：2020 年，共有 61 家仲裁委员会受理涉我国港澳台地区和涉外案件共计 2180 件，其中，贸仲受理的涉外案件为 739 件。2017～2021 年，贸仲每年受理的涉外案件在 450～750 件之间。

5. 多家境外仲裁机构的中国用户数量位居前列：在公开可查询的数据中，SIAC 与 ICC 受理涉中国当事人案件数量每年在 70～100 起之间，而 SCC 每年受理涉中国当事人案件不超过 10 起。

从近 5 年数据看，除 2018 年外，ICC 受理的来自中国的案件数量在各国案件数量的排名中均位于前 10。

近年来，中国当事人稳居 SIAC 外国用户数量的前两位，并在 2012 年及 2014 年位列第一。SIAC 涉及中国当事人的案件数量是 10 年前的 4 倍以上。在过去 5 年中，申请人或被申请人为中国主体的案件总数为 515 起，在使用该机构的国家中排名第三，第一、第二名分别为印度和美国。

港仲每年处理的案件中有超过 100 起案件的当事人一方或双方为中国内地主体，在使用港仲的国家或地区中位列第二，仅次于香港特别行政区本地。

2017～2021 年，JCAA 共收案 69 起，其中，59 起为涉外案件，涉及中国的案件高达 22 起，占案件总量的 32%，位列第一。

6. 案件结果以和解居多：在涉外仲裁案件中，45% 的受访企业达成了和解，30% 的受访企业表示赢多输少，19% 的受访企业表示输赢基本持平，仅有 6% 的受访企业表示其涉外仲裁案件结果输多赢少。

7. 人民法院持仲裁友好立场：2020 年人民法院新收涉外、涉我国港澳台地区仲裁司法审查案件 424 件，其中，大部分审查结果均是认可涉外仲裁协议或涉外仲裁裁决的效力并执行，体现了中国仲裁友好国家的立场。

从调研组抽样统计数据来看，在过去 10 年中，人民法院对涉外仲裁协议有效确认率达 88%；在人民法院对境内仲裁机构作出的涉外仲裁裁决的撤销申请审查中，撤裁率约为 2%；在人民法院对外国仲裁裁决的承认和执行申请审查中，不予承认和执行率约为 4%（不包括因立案材料不符合规定而被驳回申请的情形）。以上抽样统计数据与最高人民法院统计的 2020 年全国法院审结的仲裁司法审查类案件（包含国内及涉外仲裁）结果[①]大体吻合。

在本次调研中，受访企业中仅有 28% 的企业表示曾经历过境外取得的裁决在人民法院的承认与执行。其中，未承认也未执行的情况极少，仅占 1%。

8. 困难和改善：在涉外仲裁中，审理期限过长、仲裁费用高昂、语言不通、不了解如何选择合适的仲裁员、仲裁地点交通不便是受访企业勾选的名列前 5 的困难。其中，针对仲裁费用，29% 的受访企业每件仲裁案件平

① 2020 年，全国法院审结确仲类案件共 2708 件。其中，343 件得到法院支持即确认仲裁协议无效或不成立，1476 件被驳回，753 件撤诉，2 件部分支持，25 件不予受理，1 件重新仲裁，15 件管辖权异议，其他方式结案 93 件。2020 年，全国法院审结撤裁类案件共 7322 件。其中，269 件得到法院支持即准予撤回申请，5816 件被驳回，890 件撤诉，76 件被撤销或部分撤销仲裁裁决，25 件不予受理，104 件重新仲裁，15 件管辖权异议，其他方式结案 127 件。2020 年，全国法院共审结承认和执行外国仲裁裁决 34 件，裁定承认与执行外国仲裁裁决 20 件，准许当事人撤回申请 5 件，驳回申请 5 件，裁定部分承认和执行 1 件，其他 3 件。

均花费在人民币100万~500万元。

过半数受访企业希望仲裁机构在线上仲裁程序、翻译支持、调解、仲裁员管理方面进行提升或改善。在需要获得中国仲裁机构提供的帮助或服务方面,开展涉外仲裁专项培训、提供类案案例评析、提供国际仲裁员选择指南分列前3。

目　　录

【问卷数据篇】

【实践观察篇】

【问卷数据篇】

第一章 【企业观察】中国企业“走出去”概览和争议解决调研

一、中国企业“走出去”整体概览

1. 对外贸易稳步增长

根据商务部网站的数据，[①]中国企业在2012~2021年，货物进出口、服务进出口稳步增长。中国已成为世界第一大贸易国(见图1-1、表1-1、图1-2)。

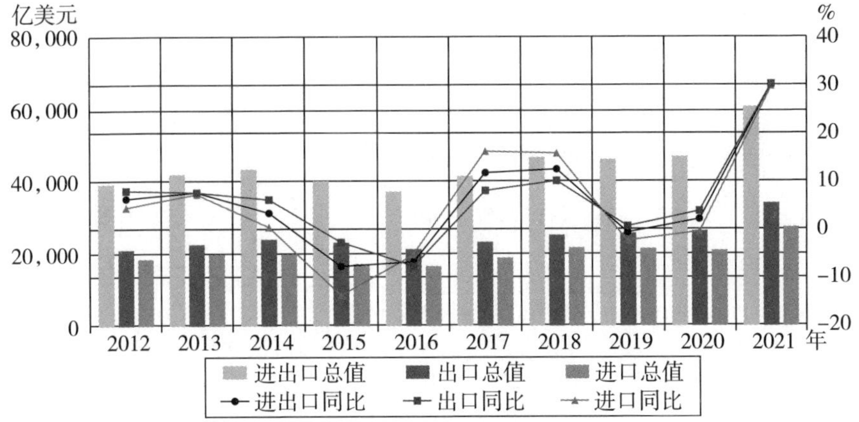

图1-1 货物进出口年度统计

① 载商务部网站，http://data.mofcom.gov.cn/hwmy/imexyear.shtml，最后访问日期：2022年5月20日。

表1-1 货物进出口年度统计明细

年份	进出口		出口		进口	
	金额/亿美元	同比/%	金额/亿美元	同比/%	金额/亿美元	同比/%
2021	60,502.95	29.9	33,635.02	29.9	26,867.93	30.1
2020	46,559.13	1.7	25,899.52	3.6	20,659.62	-0.6
2019	45,778.91	-1	24,994.82	0.5	20,784.09	-2.7
2018	46,224.44	12.5	24,866.96	9.9	21,357.48	15.8
2017	41,071.38	11.4	22,633.45	7.9	18,437.93	16.1
2016	36,855.57	-6.8	20,976.31	-7.7	15,879.26	-5.5
2015	39,530.33	-8	22,734.68	-2.9	16,795.64	-14.1
2014	43,015.27	3.4	23,422.93	6	19,592.35	0.4
2013	41,589.93	7.5	22,090.04	7.8	19,499.89	7.2
2012	38,671.19	6.2	20,487.14	7.9	18,184.05	4.3

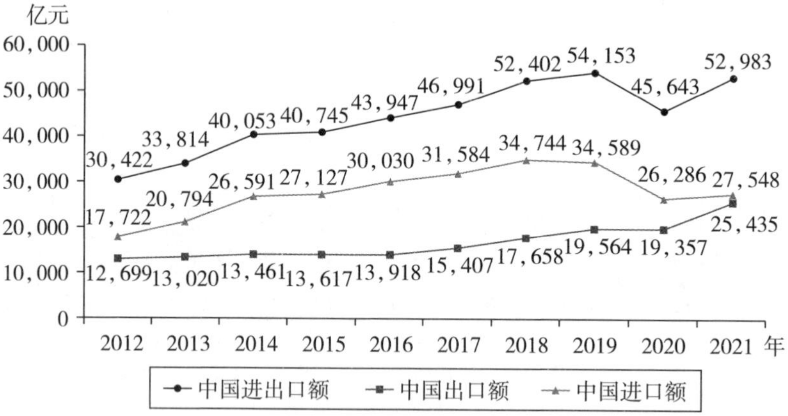

图1-2 历年中国服务进出口统计

2. 对外投资合作

根据国家外汇管理局发布的《2021 年中国国际收支报告》,[①]2012～2020 年,我国对外直接投资年均增长超过 7%,已连续 9 年位列全球对外直接投资流量前 3 位。我国对外直接投资占同期全球对外直接投资流量的份额由 2012 年的 6.3% 持续提升至 2020 年的 20.2%。从投资结构上看,截至 2020 年年末,存量投资 8 成以上分布在六大行业,包括租赁和商务服务业(占总存量的 32.2%),批发和零售业(占总存量的 13.4%),信息传输、软件和信息技术服务业(占总存量的 11.5%),制造业(占总存量的 10.8%),金融业(占总存量的 10.5%)和采矿业(占总存量的 6.8%),并且我国对外直接投资已覆盖国民经济所有的行业类别。投资地域也日益多元,截至 2020 年年末,我国对外直接投资存量分布在全球 189 个国家(或地区),占全球国家(或地区)总数的 81.1%。

另据商务部、外汇局统计数据,2021 年,我国对外全行业直接投资人民币 9366.9 亿元,同比增长 2.2%。其中,我国境内投资者共对全球 166 个国家(或地区)的 6349 家境外企业进行了非金融类直接投资,累计投资人民币 7331.5 亿元,同比下降 3.5%。[②]

商务部新闻发言人进一步指出,2021 年全年对外投资合作呈现三大特点:一是对“一带一路”沿线国家投资增长较快,我国对“一带一路”沿线

① 载中央人民政府网站,http://www.gov.cn/shuju/2022-03/25/content_5681503.htm,最后访问日期:2022 年 6 月 1 日。

② 载商务部网站,http://hzs.mofcom.gov.cn/article/date/202201/20220103238997.shtml,最后访问日期:2022 年 6 月 1 日。

国家非金融类直接投资 203 亿美元,同比增长 14.1%,为促进东道国经济发展作出了积极贡献;二是对外承包工程大项目增多,新签合同额上亿美元项目 560 个,较 2020 年增加 46 个,主要集中在交通运输等基础设施领域,有利于进一步促进互联互通;三是境外经贸合作区建设成效显著,截至 2021 年年末,纳入商务部统计的境外经贸合作区分布在 46 个国家,累计投资 507 亿美元,上缴东道国税费 66 亿美元,为当地创造 39.2 万个就业岗位,有力促进了互利共赢、共同发展。①

3. 中国企业"走出去"地域

(1)对外贸易主要合作区域

根据商务部网站发布的《中国对外贸易形势报告》(2021 年秋季),② 2021 年前 10 个月与前十大贸易伙伴进出口金额及占比如图 1-3 所示。其中,东盟、欧盟、美国是中国前三大贸易伙伴。

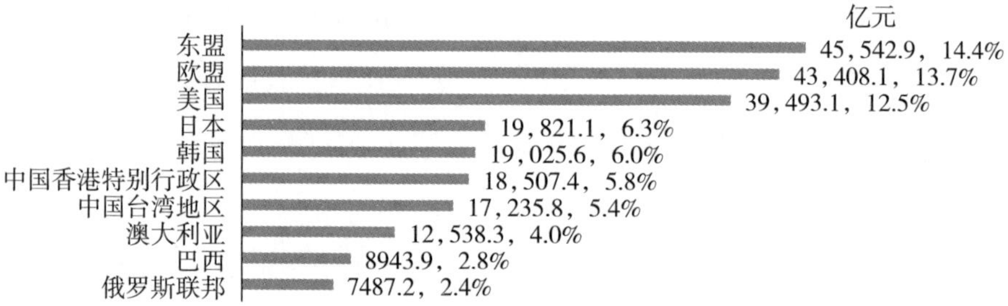

图 1-3 前十大贸易进出口金额及占比

① 载国家发展和改革委员会网站,https://www.ndrc.gov.cn/fggz/lywzjw/jwtz/202201/t20220129_1313886.html? code=&state=123,最后访问日期:2022 年 6 月 1 日。

② 载商务部网站,http://images.mofcom.gov.cn/zhs/202111/20211129152550467.pdf,最后访问日期:2022 年 6 月 1 日。

(2)对外投资主要区域情况

根据商务部公布的数据,[①]2021年,我国企业在“一带一路”沿线对57个国家非金融类直接投资人民币1309.7亿元,同比增长6.7%(折合203亿美元,同比增长14.1%),占同期总额的17.9%,较2020年同期上升1.7个百分点,主要投向新加坡、印度尼西亚、马来西亚、越南、孟加拉国、阿拉伯联合酋长国、老挝、泰国、哈萨克斯坦和柬埔寨等国家。

4. 中国企业“走出去”产业类别统计

2021年前10个月中国出口主要商品数量、金额及增速如表1-2所示。其中,金额同比增长较快的是汽车、家具、钢材行业。

表1-2 2021年前10个月中国出口主要商品数量、金额及增速

商品名称	单位	数量	同比增长/%	金额/亿元	同比增长/%
自动数据处理设备及其零部件	—	—	—	13,133.0	12.1
服装及衣着附件	—	—	—	8987.8	15.8
集成电路	亿个	2583.7	25.7	7918.1	23.2
纺织纱线、织物及其制品	—	—	—	7621.3	-16.0
手机	万台	76,787.2	1.1	7165.8	13.3

① 载商务部网站,http://fec.mofcom.gov.cn/article/fwydyl/tjsj/202201/20220103239004.shtml,最后访问日期:2022年6月1日。

续表

商品名称	单位	数量	同比增长/%	金额/亿元	同比增长/%
家用电器	万台	321,285.1	14.4	5326.1	18.8
塑料制品	—	—	—	5158.2	22.9
钢材	万吨	5751.8	29.5	4265.6	65.8
汽车零配件	—	—	—	3996.3	28.2
家具及其零件	—	—	—	3870.9	25.4
通用机械设备	—	—	—	2752.8	18.6

2021 年 1 ~9 月中国服务出口类别比重如图 1 –4 所示,运输,其他商业服务,电信、计算机和信息服务排列前 3。

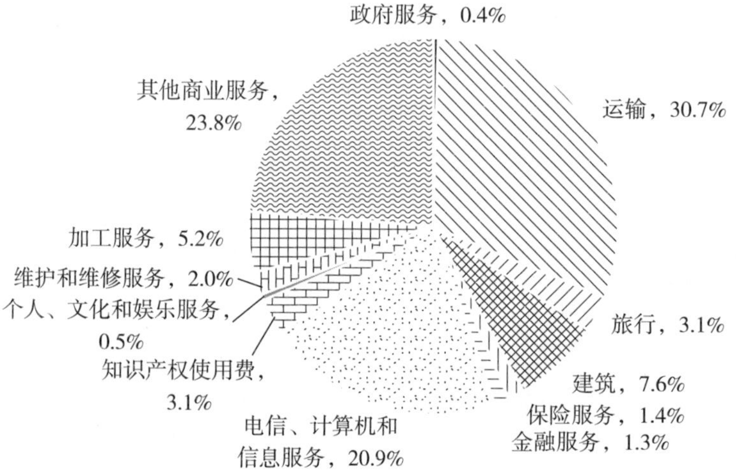

图 1 –4　2021 年 1 ~9 月中国服务出口类别比重

2021年1～9月中国服务进口类别比重如图1－5所示，运输、旅行、其他商业服务位列前3。

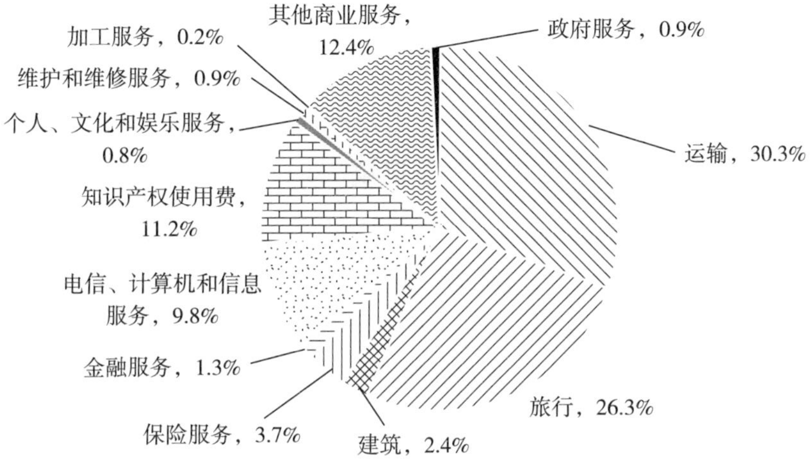

图1－5　2021年1～9月中国服务进口类别比重

5. 中国企业"走出去"企业类型统计

根据商务部网站发布的《中国对外贸易形势报告》（2021年秋季），[①] 2021年前3季度，有进出口实绩的企业达到了52.7万家，同比增加3.4万家。新增对外贸易经营者备案登记14.2万家，其中，民营主体占94.5%。2021年前10个月，民营企业进出口15.4万亿元，同比增长27.5%，高出整体增速5.3个百分点，占进出口总额的48.7%，比2020年同期提升2.1个百分点。其中，出口10.1万亿元，增长26.2%，占出口总额的57.6%，

① 载商务部网站，http://images.mofcom.gov.cn/zhs/202111/20211129152550467.pdf，最后访问日期：2022年6月1日。

提升1.9个百分点;进口5.4万亿元,增长30.0%,占进口总额的37.8%,提升2.3个百分点。外商投资企业进出口11.4万亿元,增长13.8%,占进出口总额的36.0%,下降2.6个百分点;国有企业进出口4.8万亿元,增长26.3%,占进出口总额的15.3%,提升0.5个百分点。

二、中国企业“走出去”争议解决调研

调研显示,中国企业在“走出去”过程中遇到的纠纷及争议解决总体情况如下所示。

(一)“走出去”纠纷概览

1.“走出去”纠纷地域

中国企业“走出去”涉外仲裁纠纷涉及的地域,以东南亚、我国港澳台地区、欧洲和北美地区为主。近6成的受访对象曾在东南亚地区遇到纠纷,约一半的受访企业曾在我国港澳台地区遇到纠纷,在欧洲和北美地区遇到纠纷的受访企业基本持平,占比40%,在非洲地区遇到纠纷的企业较前述地区略少,但仍有30%的占比,不可忽视(见图1-6)。

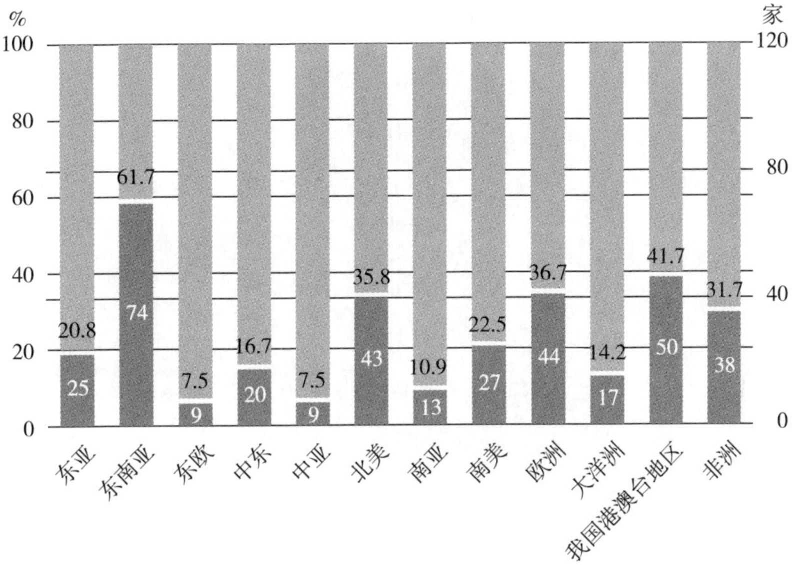

图1－6　企业"走出去"过程中涉外仲裁纠纷涉及的地域

2."走出去"争议解决条款

调研显示,绝大部分受访企业都会在合同中约定争议解决条款。其中,70%的受访企业约定争议解决条款时选择仲裁方式,还有少数企业会约定在诉讼和仲裁方式中择一适用,约定以诉讼方式解决争议的企业占比较少,与约定诉讼方式和仲裁方式均可的企业相差无几(见图1－7)。

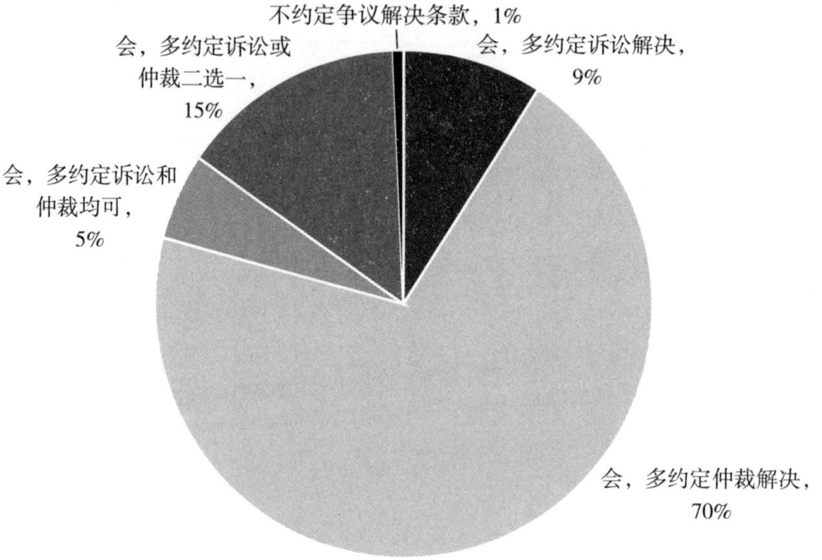

图1－7 企业在涉外合同中是否会约定争议解决条款

3.“走出去”争议解决机制

从争议解决方式或机制来看,选择机构仲裁解决涉外纠纷在受访企业中占主导地位,其中,选择国际常设仲裁机构的企业较之选择国内常设仲裁机构的企业更多。除在常设机构仲裁外,还有不到10%的受访企业表示,有选择临时性仲裁机构①解决争议的经验。

此外,选择在法院诉讼解决争议的企业数量在受访企业中也占2/5左右。总体来讲,选择法院的受访企业中,超过2/3的企业选择了东道国法

① 临时性仲裁机构,是指根据各方当事人的仲裁协议,在争议发生后由各方当事人选定的仲裁员临时组成的,负责审理当事人之间的有关争议,并在审理终结作出裁决后即行解散的临时性机构。

院和中立第三地法院等法院解决争议。

还有相当一部分企业倾向达成和解，其中，自行和解的企业占绝大多数，较少数企业会由当地合作伙伴出面协调，更少的企业选择非法院、仲裁机构的第三方调解和外交途径磋商解决。

另有个别企业表示，会请国内律师出具法律意见，由贸促会仲裁或组建 DAB 方式解决争议（见图 1－8）。

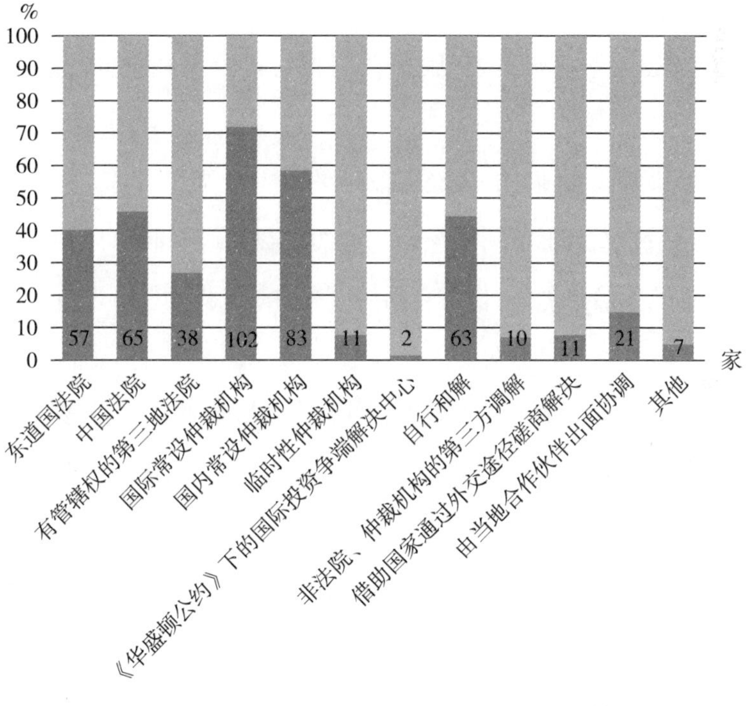

图 1－8 "走出去"过程中遭遇纠纷时所选择的争议解决方式

(二)“走出去”仲裁整体情况

1. 涉外仲裁案件数量

从涉外仲裁案件数量和类型来看,受访企业中,存在货物买卖合同纠纷的企业最多,其次是存在建设工程合同纠纷的企业。上述两类纠纷的涉外仲裁案件数量远超于其他纠纷种类的涉外仲裁案件数量。

部分企业涉及知识产权合同纠纷、投资合同纠纷、股权转让合同纠纷、运输合同纠纷、担保合同纠纷、合资、合作、承包经营合同纠纷、信托、保险、票据、信用证、独立保函纠纷、服务合同纠纷以及委托合同纠纷类仲裁案件。

少数企业涉及房地产开发经营合同纠纷,房屋买卖、租赁、物业服务合同纠纷,经销授权合同纠纷,中介合同纠纷,合伙合同纠纷,证券、期货、金融衍生品种交易合同纠纷,借款合同纠纷和中外合作勘探开发自然资源合同纠纷。

从每个企业遇到的不同类型涉外仲裁案件数量来看,绝大多数企业遇到的同类别涉外仲裁案件数量在 1 ~ 5 件之间。存在 20 件以上同类别案件的企业非常少见,即便是最常见的货物买卖合同纠纷和建设工程合同纠纷仲裁案件,也分别仅有 4 家受访企业表示,其存在超过 20 件此类案件。

另外,还有受访企业表示,存在外包合同纠纷、预售电和采购、劳动合同纠纷、船舶建造纠纷、船舶碰撞纠纷、租船合同纠纷和劳务纠纷等其他类型的纠纷。其中,存在外包合同纠纷、船舶碰撞纠纷和租船合同纠纷的受访企业表示,其存在超过 20 件此类纠纷(见图 1 - 9、表 1 - 3)。

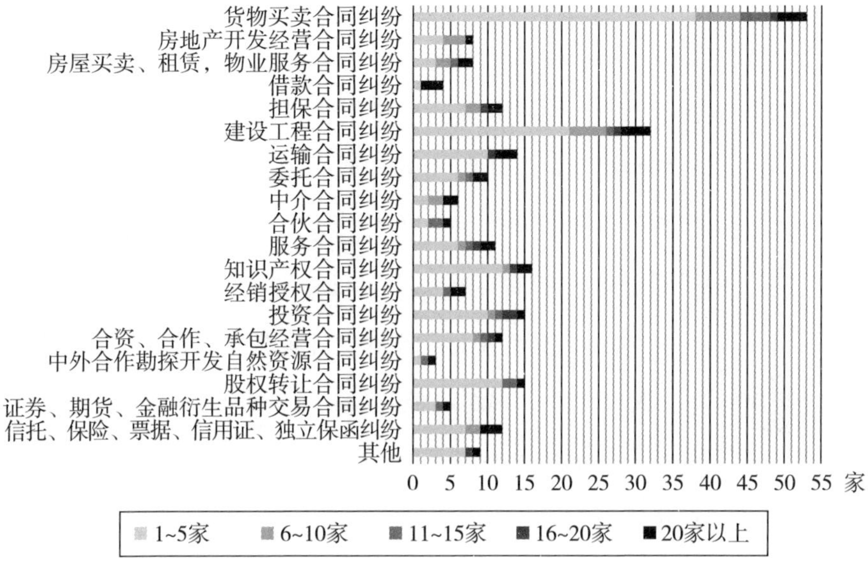

图 1-9 企业“走出去”过程中涉外仲裁案件的数量和种类

表 1-3 企业“走出去”过程中涉外仲裁案的数量和种类明细

	其他	信托、保险、票据、信用证、独立保函纠纷	证券、期货、金融衍生品种交易合同纠纷	股权转让合同纠纷	中外合作勘探开发自然资源合同纠纷	合资、合作、承包经营合同纠纷	投资合同纠纷	经销授权合同纠纷	知识产权合同纠纷	服务合同纠纷	合伙合同纠纷	中介合同纠纷	委托合同纠纷	运输合同纠纷	建设工程合同纠纷	担保合同纠纷	借款合同纠纷	房屋买卖、租赁，物业服务合同纠纷	房地产开发经营合同纠纷	货物买卖合同纠纷
1~5家	7	7	3	12	1	8	10	4	12	6	2	2	6	10	21	7	1	3	4	38
6~10家	0	2	0	0	0	1	1	0	1	1	0	2	1	0	5	2	0	2	3	6
11~15家	0	0	1	2	1	1	1	1	0	1	2	0	1	0	1	0	0	1	0	4
16~20家	1	0	0	0	0	1	2	0	1	1	0	0	0	1	1	1	0	0	0	1
20家以上	1	3	1	1	1	1	1	2	2	2	1	2	2	3	4	2	3	2	1	4

2. 涉外仲裁案件最大标的额

从涉外仲裁案件最大标的额来看,建设工程合同纠纷、投资合同纠纷、合资、合作、承包经营合同纠纷以及股权转让合同纠纷案件最大标的额超过人民币 1 亿元的数量较多。其中,建设工程合同纠纷最大标的额过亿元的受访企业占所有存在此类案件企业的 62% 左右;投资合同纠纷最大标的额过亿元的受访企业占所有存在此类案件企业的 53% 左右;合资、合作、承包经营合同纠纷最大标的额过亿元的受访企业占所有存在此类案件企业的 50% 左右;股权转让合同纠纷最大标的额过亿元的受访企业占所有存在此类案件企业的 41% 左右。

案件总体数量最多的货物买卖合同纠纷类案件,最大标的额超过人民币 5000 万元的受访企业占所有存在此类案件企业的近半数。案件数量也较多的建设工程合同纠纷的最大标的额整体偏高,选择最大标的额在人民币 1 亿元以下的受访企业,仅占所有存在同类案件企业的 38% 左右,其中最大标的额在 1000 万 ~ 5000 万元之间的较多,占总体的 18% 左右(见图 1 - 10、表 1 - 4)。

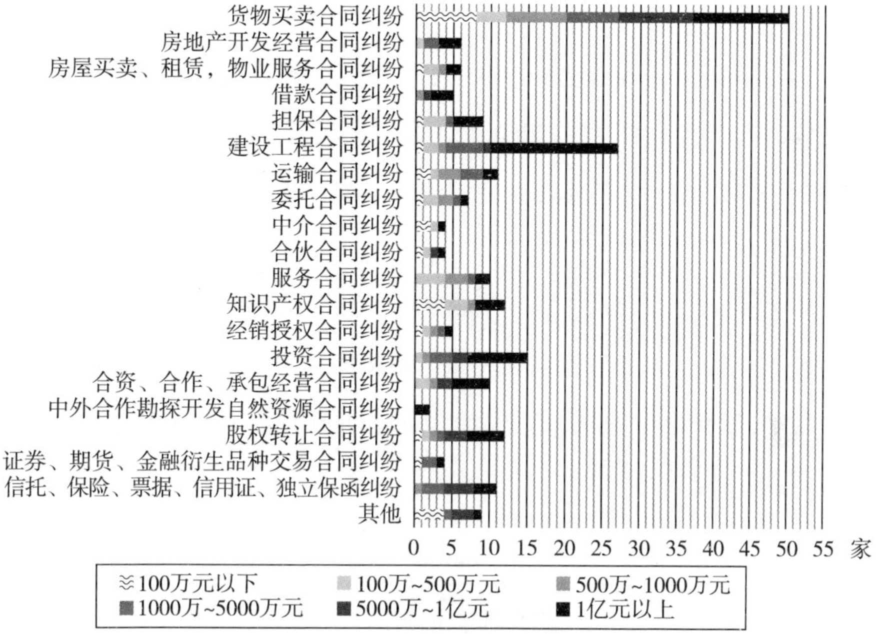

图 1-10 企业"走出去"过程中涉外仲裁案件所涉最大标的额

表 1-4 企业"走出去"过程中涉外仲裁案件所涉最大标的额明细

单位:家

	其他	信托、保险、票据、信用证、独立保函纠纷	证券、期货、金融衍生品种交易合同纠纷	股权转让合同纠纷	中外合作勘探开发自然资源合同纠纷	合资、合作、承包经营合同纠纷	投资合同纠纷	经销授权合同纠纷	知识产权合同纠纷	服务合同纠纷	合伙合同纠纷	中介合同纠纷	委托合同纠纷	运输合同纠纷	建设工程合同纠纷	担保合同纠纷	借款合同纠纷	房屋买卖、租赁，物业服务合同纠纷	房地产开发经营合同纠纷	货物买卖合同纠纷
100 万元以下	4	0	1	1	0	0	0	1	4	0	1	2	1	2	1	1	0	1	0	8
100 万 ~ 500 万元	0	0	0	1	0	2	1	1	3	4	1	1	2	1	2	3	0	2	1	4
500 万 ~ 1000 万元	0	1	0	1	0	1	1	1	1	3	0	0	2	3	1	0	1	1	0	8
1000 万 ~ 5000 万元	1	3	2	1	0	0	3	1	0	1	0	0	1	3	5	1	0	0	2	7
5000 万 ~ 1 亿元	3	4	0	3	0	2	2	0	0	0	1	0	0	0	1	0	1	0	0	10
1 亿元以上	1	3	1	5	2	5	8	1	4	2	1	1	1	2	17	4	3	2	3	13

3.涉外仲裁案件结果

从中国企业"走出去"涉外仲裁案件中标的额最大的案件来看,41%的受访企业表示尚在等待结果中,已有结果的受访企业中有半数表示以和解结案,未能达成和解的受访企业中绝大多数达成了胜诉的结果,仅有少数表示败诉。

从中国企业"走出去"涉外仲裁案件的总体结果来看,45%的受访企业达成了和解,30%的受访企业表示赢多输少,19%的受访企业表示输赢基本持平,仅有6%的受访企业表示其涉外仲裁案件结果输多赢少(见图1-11、图1-12)。

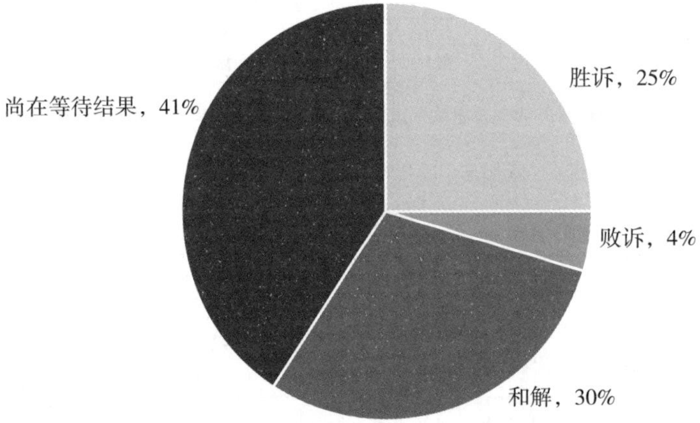

图1-11 企业涉外仲裁涉案标的最大的案件结果

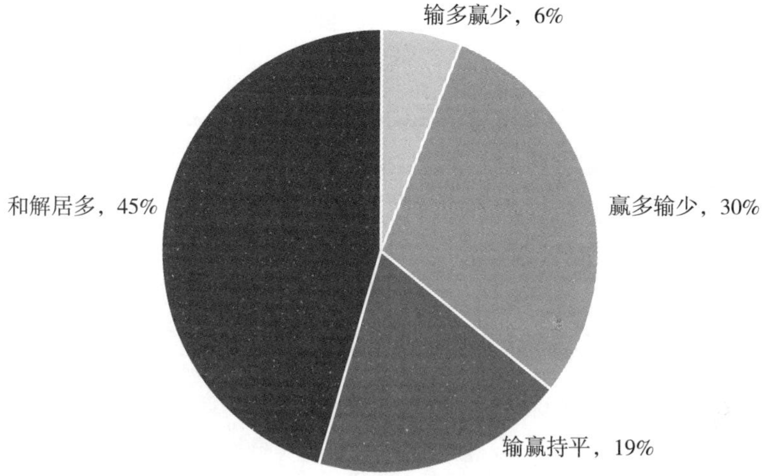

图 1-12 企业涉外仲裁案件的总体结果

（三）涉外仲裁适用法律、机构、规则等情况

本次调研针对中国企业涉外仲裁适用法律、仲裁规则、仲裁机构、仲裁地、仲裁语言的选择，以及仲裁花费和涉外仲裁的承认和执行设置了问卷。与此同时，考虑调研样本的不同，本部分还在适用仲裁规则、仲裁机构以及仲裁地的选择方面，补充了伦敦玛丽女王大学《2021 年国际仲裁调研报告》①中反映出的数据，以更全面地反映国际仲裁情况。

① 伦敦玛丽女王大学在 2021 年面向律师、仲裁员、企业法律顾问、政府法律顾问、仲裁机构发起了国际仲裁调研。在其调研受访对象中，43% 的受访者为律师，17% 为仲裁员，11% 受访者同为律师和仲裁员，5% 为仲裁机构员工，而来自企业和政府的法律顾问占受访者的 9%。受访者中 43% 的工作领域或地点为亚洲，24% 为欧洲，10% 为加勒比或拉美地区。

1. 涉外仲裁选择的适用法律(见图1－13)

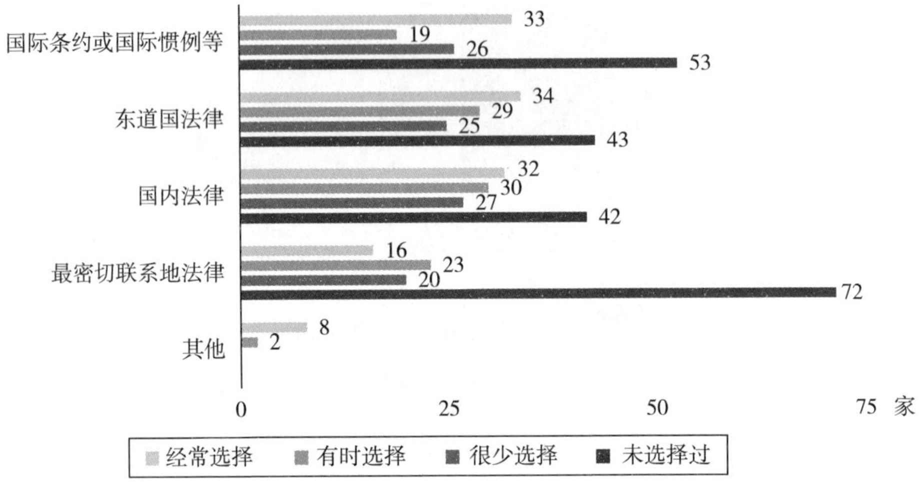

图1－13 企业“走出去”过程中涉外仲裁选择适用的法律

从中国企业“走出去”过程中涉外仲裁选择适用的法律来看,总体上选择频次最高的是“国内法律”和“东道国法律”,两者之间没有明显差距;“国际条约或国际惯例等”的选择频次次之;选择频次最低的是“最密切联系地法律”,过半数的受访企业从未选择适用过此类法律。另外,还有极少数受访企业表示,在涉外仲裁中经常选择适用英国法律。

2. 涉外仲裁选择的仲裁规则

从中国企业“走出去”过程中涉外仲裁选择的仲裁规则来看,98%的受访企业会选择仲裁机构的仲裁规则,极少数受访企业表示会遵照某些国家政府业主的选择,选择业主所在国仲裁法作为仲裁规则(见图1－14)。

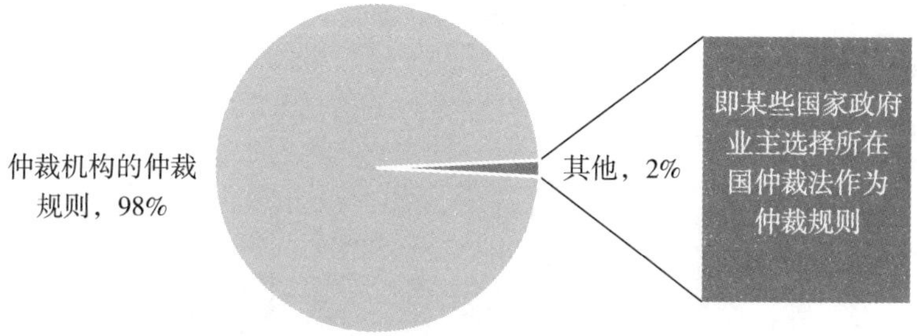

图 1－14 企业涉外仲裁选择的仲裁规则

作为补充，伦敦玛丽女王大学《2021 年国际仲裁调研报告》显示，在机构仲裁中，大部分当事人会选择使用该机构的仲裁规则；在临时仲裁中，受访者中有 76% 表示，选择最多的仲裁规则是《UNCITRAL 仲裁规则》。①

3. 涉外仲裁选择的国际仲裁机构

从中国企业“走出去”过程中涉外仲裁选择的国际仲裁机构来看，首先，受访企业最常选择的前 3 位国际仲裁机构，分别为贸仲、港仲以及 SIAC；其次，较常见的选择为 ICC、LCIA 以及 SCC；还有个别受访企业表示会选择北京仲裁委员会、深圳国际仲裁院、上海国际经济贸易仲裁委员会、上海国际仲裁中心、RAA、GAFTA、LMAA 或迪拜的仲裁机构等。

① 载 https://arbitration.qmul.ac.uk/media/arbitration/docs/LON0320037－QMUL-International-Arbitration-Survey－2021_19_WEB.pdf，最后访问日期：2022 年 6 月 1 日。

从仲裁机构的总体选择情况来看,选择境外仲裁机构的中国企业比选择境内仲裁机构的企业更多(见图1-15)。

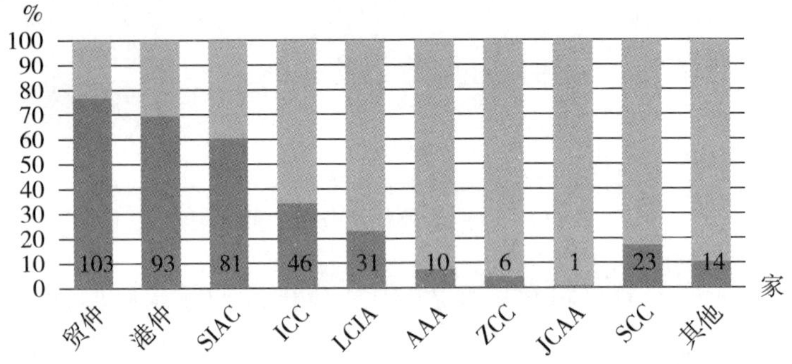

图1-15 企业"走出去"过程中争议解决选择的国际仲裁机构

作为补充,伦敦玛丽女王大学《2021年国际仲裁调研报告》显示,受欢迎程度排名前5的国际仲裁机构依次为ICC、SIAC、港仲、LCIA和贸仲。另外,SIAC在亚太区受访者中受欢迎程度最高,ICC紧随其后,LCIA和港仲并列第四,贸仲排名第五。①

① 载https://arbitration.qmul.ac.uk/media/arbitration/docs/LON0320037-QMUL-International-Arbitration-Survey-2021_19_WEB.pdf,最后访问日期:2022年6月1日。

4. 涉外仲裁选择的仲裁地(见图 1 - 16)

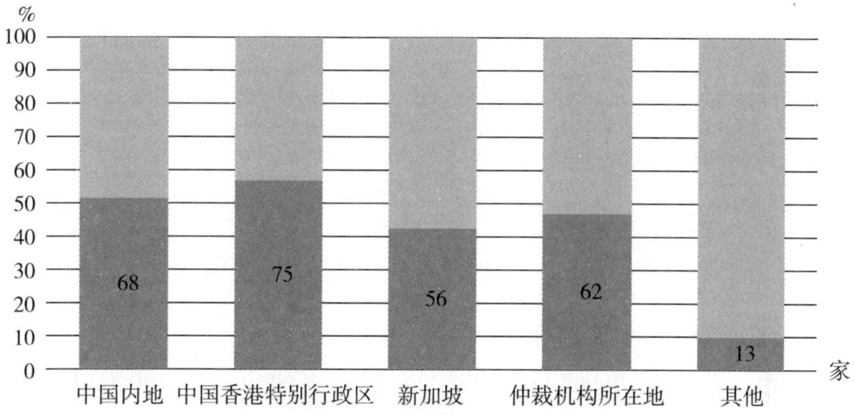

图 1 - 16 企业“走出去”过程中争议解决选择的仲裁地

从中国企业“走出去”过程中涉外仲裁选择的仲裁地来看,选择中国香港特别行政区作为仲裁地的情况最多,其次为中国内地,选择仲裁机构所在地的情况和选择新加坡作为仲裁地的情况相差无几。还有极少数受访企业会选择伦敦、迪拜、巴黎或美国作为仲裁地。

作为补充,伦敦玛丽女王大学《2021 年国际仲裁调研报告》指出,伦敦、新加坡、中国香港特别行政区、巴黎和日内瓦在最受欢迎的仲裁地排名中名列前 5。[①] 与过去的调研报告相比,新加坡和中国香港特别行政区名次都上升明显,在 2018 年的报告中,倾向选择新加坡和中国香港特别行政区作为仲裁地的比例分别为 39% 和 28% ,而 2021 年上升至 54% 和 50% 。[②] 当事

---

① 载 https://arbitration. qmul. ac. uk/media/arbitration/docs/LON0320037 - QMUL-International-Arbitration-Survey - 2021_19_WEB. pdf,最后访问日期:2022 年 6 月 1 日。

② 载 https://arbitration. qmul. ac. uk/media/arbitration/docs/LON0320037 - QMUL-International-Arbitration-Survey - 2021_19_WEB. pdf,最后访问日期:2022 年 6 月 1 日。

人在选择仲裁地时首先会考虑当地法院和司法系统对仲裁的支持程度,当地司法系统的独立性或中立性及裁决的可执行度亦是当事人主要考虑因素。值得注意的是,北京和上海的欢迎度有所上升,北京与纽约以 12% 的选择比例并列第六,上海以 8% 的位列第八,而斯德哥尔摩则从上次调查的第七名降至第九名,仅有 6% 受访者会选择。上述数据的变化可能反映了企业更倾向选择与其商业利益有关的"当地"解决争议。①

5. 涉外仲裁选择的仲裁语言

从中国企业"走出去"过程中涉外仲裁选择的仲裁语言来看,绝大多数受访企业选择了英语作为仲裁语言,近半数受访企业选择汉语作为仲裁语言,还有极少数受访企业选择了法语或西班牙语等项目或工程所在地语言作为仲裁语言(见图 1 - 17)。

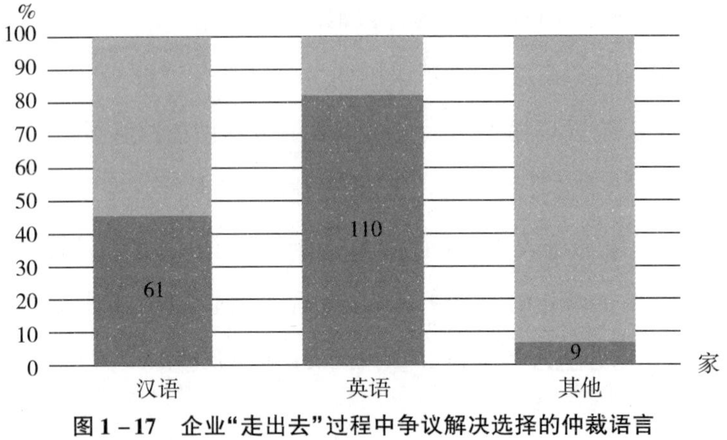

图 1 - 17 企业"走出去"过程中争议解决选择的仲裁语言

① 载 https://arbitration.qmul.ac.uk/media/arbitration/docs/LON0320037 - QMUL-International-Arbitration-Survey - 2021_19_WEB.pdf,最后访问日期:2022 年 6 月 1 日。

6. 涉外仲裁案件的平均花费

从中国企业“走出去”过程中涉外仲裁案件的平均花费(包括律师费)来看,每个涉外仲裁案件的平均花费集中在人民币10万~500万元,低于每件人民币10万元的企业和高于每件人民币500万元的企业相对较少。其中,每件平均花费在人民币100万~500万元的企业最多,占受访企业的29%;每件平均花费在人民币10万~50万元的企业次之,占受访企业的27%;每件平均花费在人民币50万~100万元的企业占受访企业的20%;每件平均花费在人民币10万元以下的企业占受访企业的15%;每件平均花费在人民币500万元以上的企业最少,占受访企业的9%(见图1-18)。

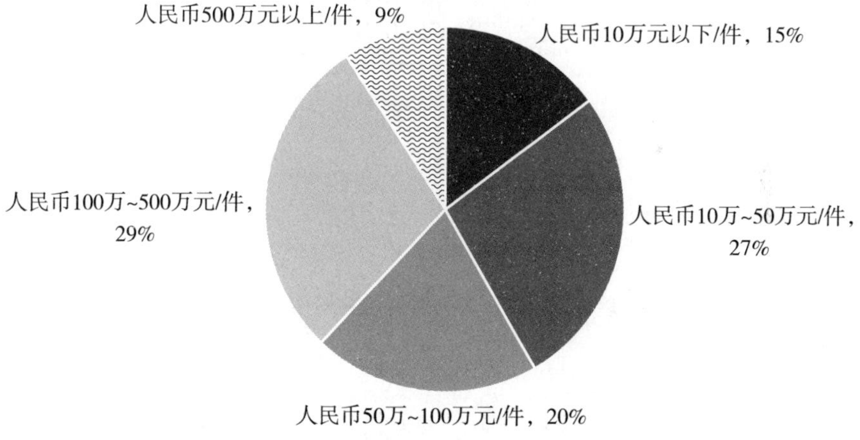

图1-18 企业涉外仲裁案件的平均花费(包括律师费)

7. 境外裁决在境内的承认和执行情况

从中国企业于境外取得的涉外仲裁裁决在境内法院的承认与执行情况来看,受访企业中仅有28%的企业表示曾经历过境外取得的裁决在境内法院的承认与执行。其中,承认且执行完毕的情况占多数,被承认但未能执行成功次之,未承认也未执行的情况极少。其他还有少数企业表示通过和解结案或执行尚未开始(见图1-19)。

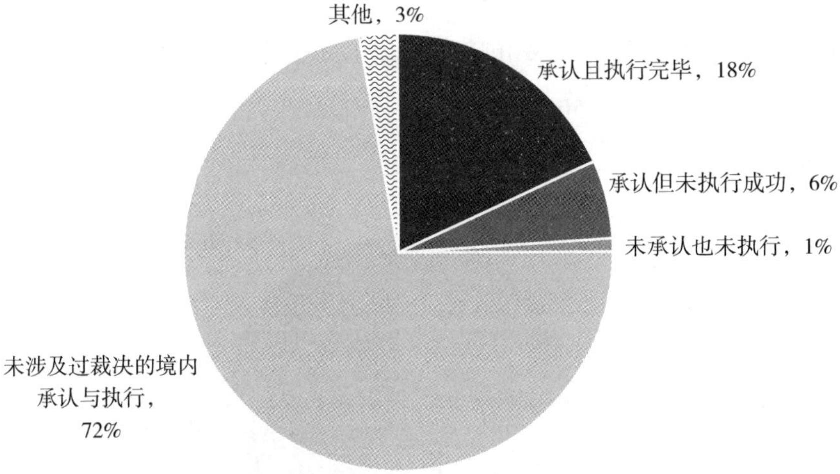

图1-19 企业于境外取得的涉外仲裁裁决在境内法院的承认与执行情况

三、中国企业对国际仲裁机构的评价

(一)贸仲

中国“走出去”企业对贸仲认可度较高,其各方面得分均高于9家机构平均分数。在仲裁机构收费,审理期限,仲裁审理方式、地点、时间安排人性化程度,组庭效率方面,贸仲得分则明显高于9家机构平均分,是企业性价比较高的选择(见图1-20)。

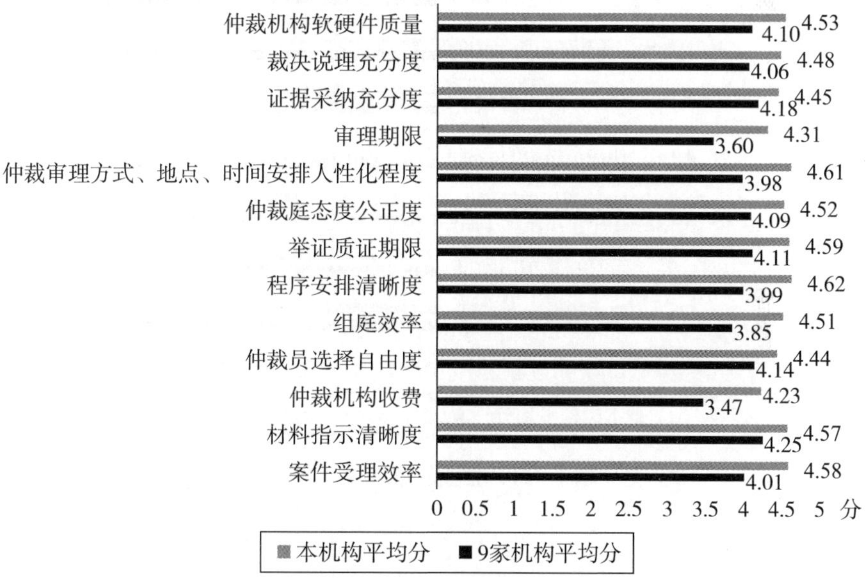

图1-20 企业满意度——贸仲

(二)港仲

港仲各项得分高于9家机构平均分,在裁决说理充分度和程序安排清晰度方面的得分则明显高于9家机构平均分(见图1-21)。

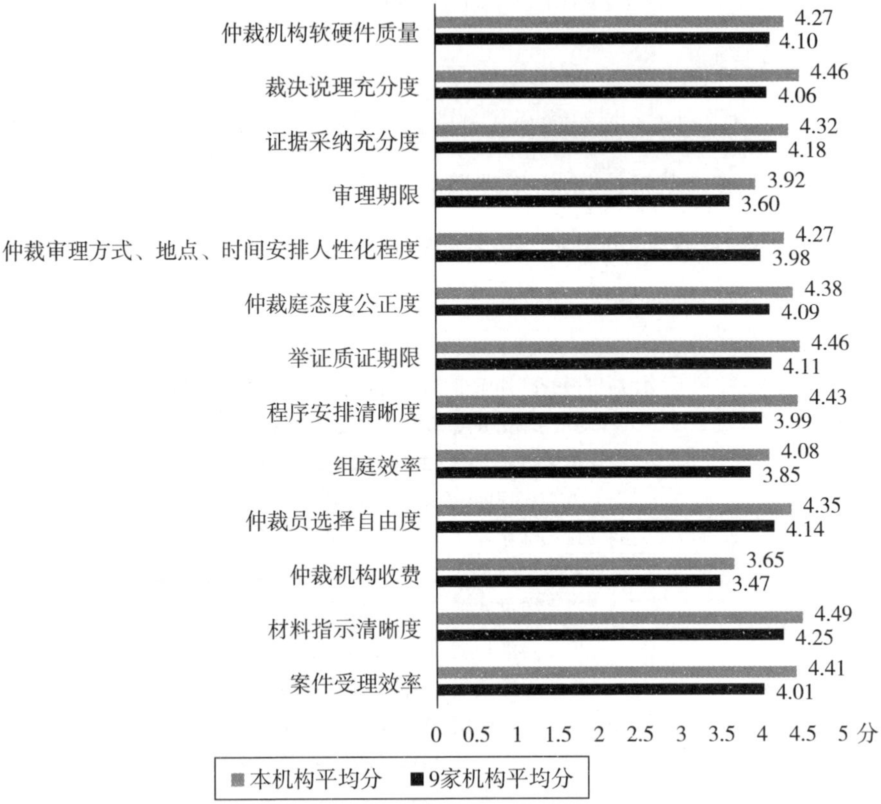

图1-21 企业满意度——港仲

(三)SIAC

SIAC各项得分高于9家机构平均分,在审理期限,仲裁审理方式、地点、时间安排人性化程度,仲裁庭态度公正度,举证质证期限,程序安排清晰度方面得分明显高于9家机构平均分(见图1-22)。

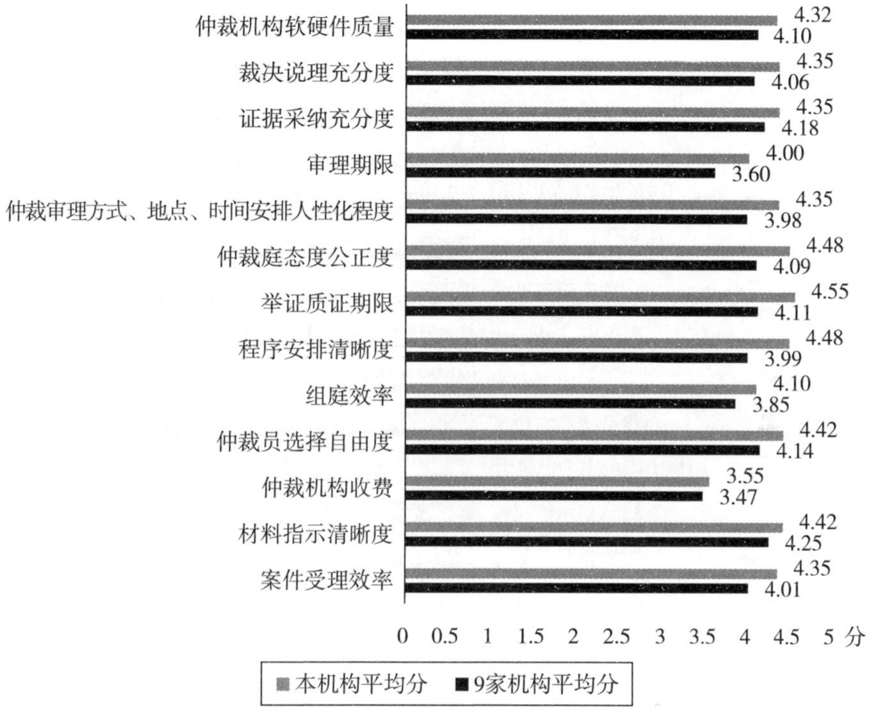

图 1-22 企业满意度——SIAC

（四）ICC

ICC 在举证质证期限，程序安排清晰度，仲裁员选择自由度，案件受理效率得分明显高于 9 家机构平均分数。但在审理期限和仲裁机构收费方面其得分与 9 家机构平均分有一定差距，其他方面的评分大多略高或略低于 9 家机构平均分（见图 1-23）。

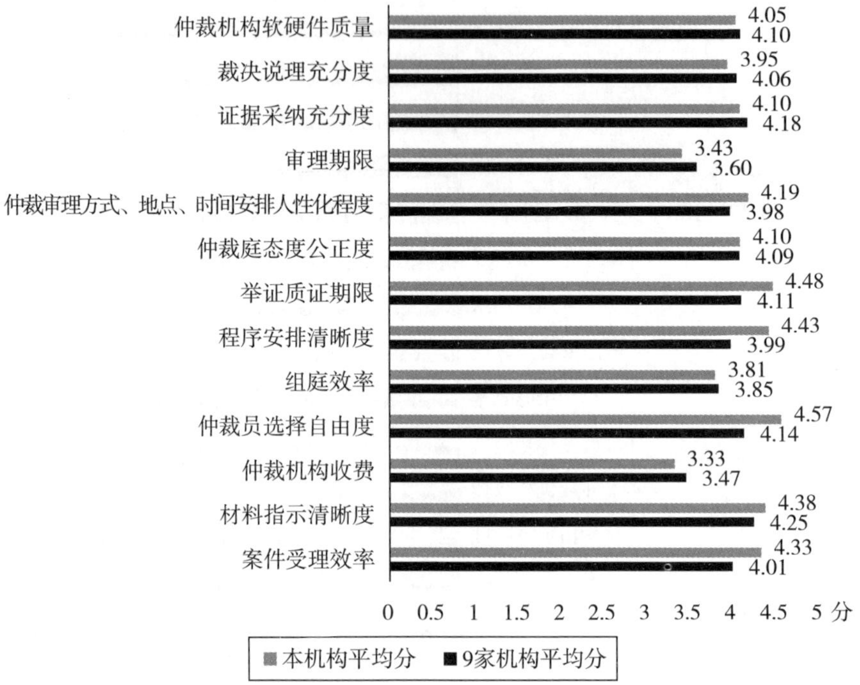

图1－23　企业满意度——ICC

(五)LCIA

受访企业认为,LCIA的软硬件质量、裁决说理充分度、程序安排清晰度表现较好,其得分也明显高于9家机构平均分。LCIA在审理期限、仲裁机构收费、案件受理效率方面得分则明显低于9家机构平均分。其他方面的得分则与9家机构平均分不相上下(见图1－24)。

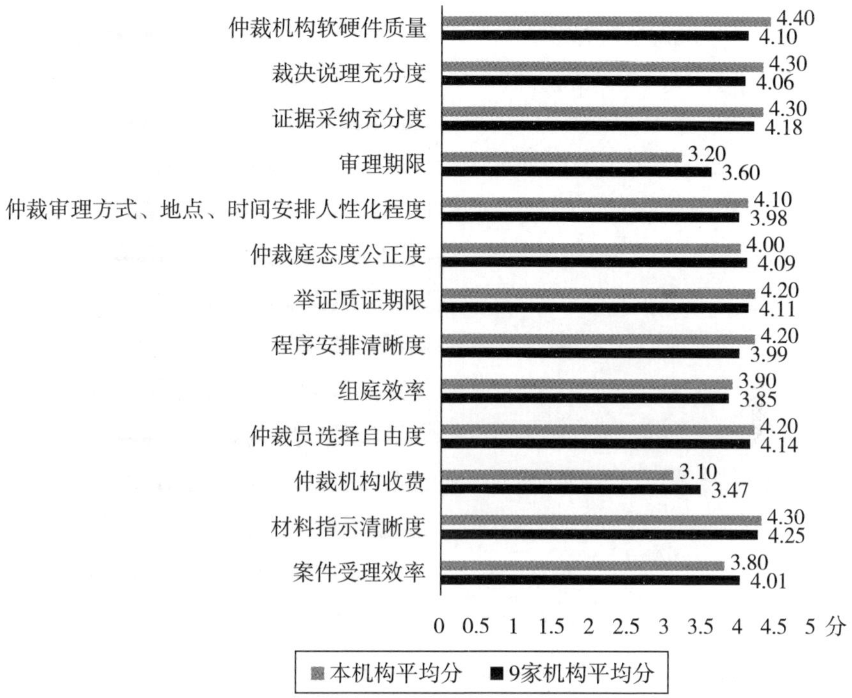

图1－24 企业满意度——LCIA

（六）ZCC

ZCC在证据采纳充分度、材料指示清晰度方面得分较高，仲裁员选择自由度、举证质证期限、审理期限、裁决说理充分度方面亦明显高于9家机构平均分。除仲裁机构软硬件质量和仲裁庭态度公正度方面得分明显低于9家机构平均分外，其他得分与9家机构平均分相差不大（见图1－25）。

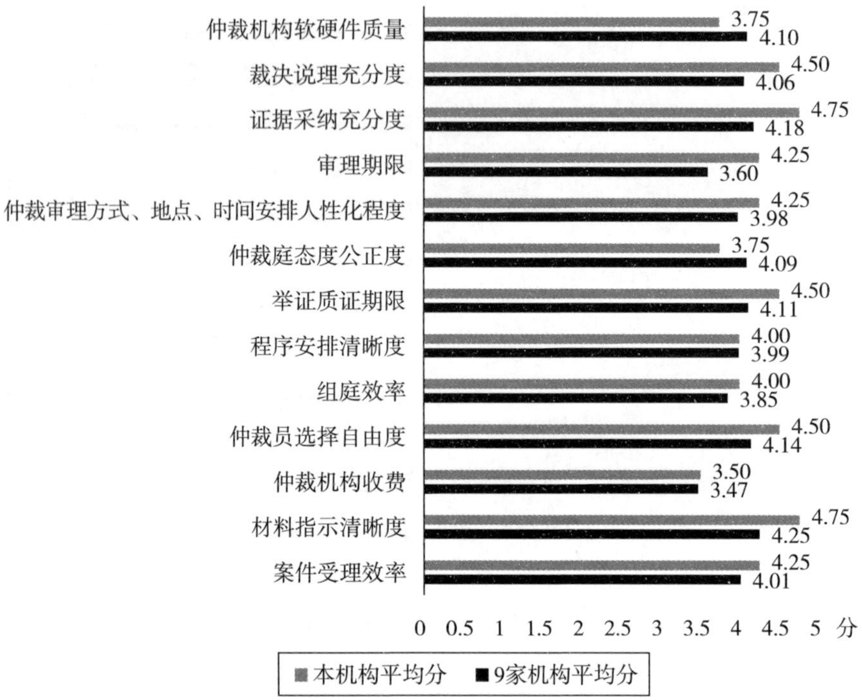

图1-25 企业满意度——ZCC

(七)AAA

AAA在仲裁机构收费方面得分高于9家机构平均分,但在案件受理效率、仲裁员选择自由度、举证质证期限、仲裁机构软硬件质量方面得分较低,其他方面得分与9家机构平均分亦有一定差距(见图1-26)。

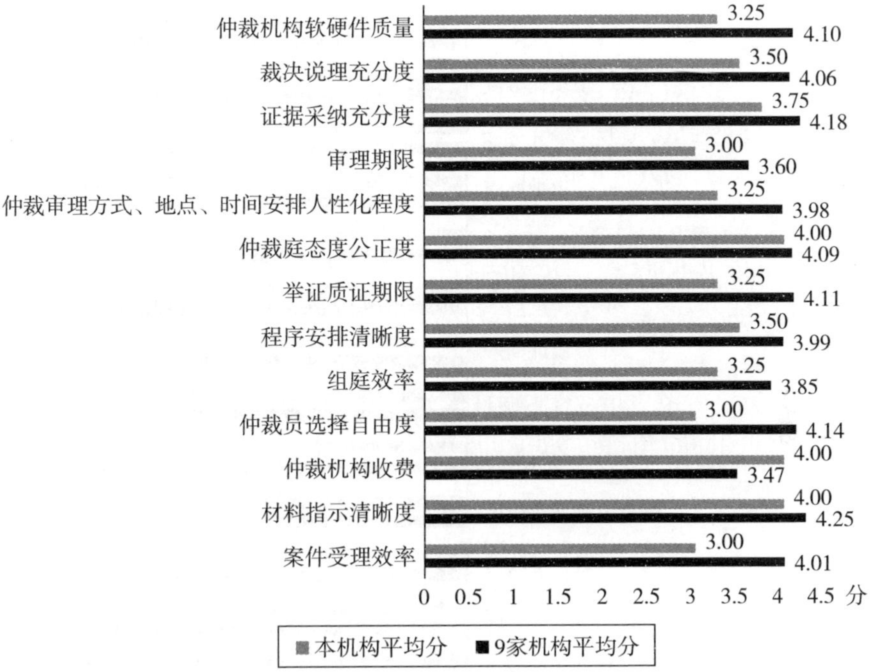

图1－26　企业满意度——AAA

（八）SCC

SCC除裁决说理充分度和证据采纳充分度得分略低于9家机构平均分外，其他各项得分均高于9家机构平均分。其在仲裁庭态度公正度、仲裁员选择自由度方面表现较突出，其得分明显高于9家机构平均分（见图1－27）。

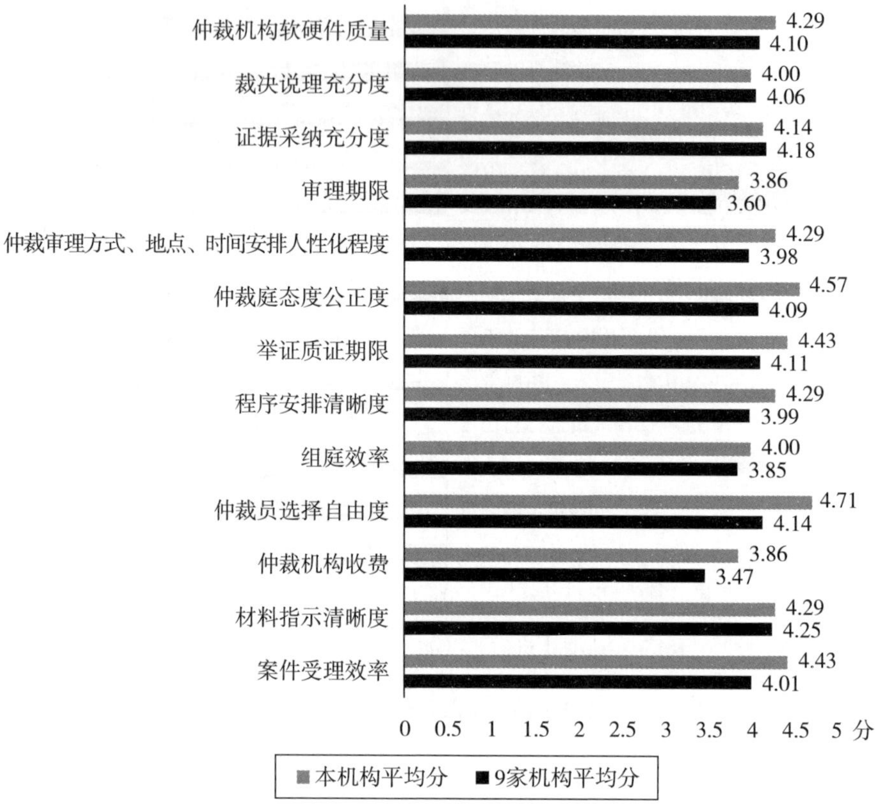

图1-27 企业满意度——SCC

(九)JCAA

JCAA 软硬件质量得分略低于 9 家机构平均分,其他方面得分均明显低于 9 家机构平均分(见图 1-28)。

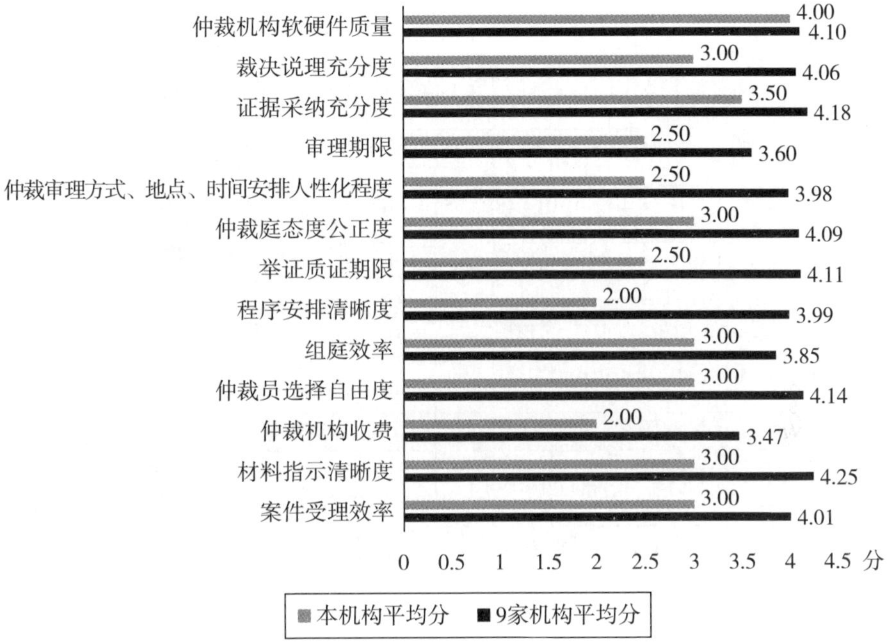

图 1-28 企业满意度——JCAA

（十）仲裁机构总体满意度

受访企业对贸仲整体满意度最高，第二位的 SIAC 总体得分与其有明显差距。与第一位相同，总分位列第二、第三位的 SIAC 和港仲各项得分均高于 9 家机构平均分。而第四、第五位的 SCC、ZCC 有 1 ~ 2 项得分略低于 9 家机构平均分，如仲裁说理充分度或仲裁机构软硬件质量方面等。ICC 与 LCIA 总体得分位列第六及第七位，其在案件审理期限和仲裁机构收费方面得分不高，而其他各项得分与 9 家机构平均分相差不大。受访企业满意度排名较低的 AAA 和 JCAA 各项得分均低于 9 家机构平均分，导致其总体分数偏低(见图1－29)。

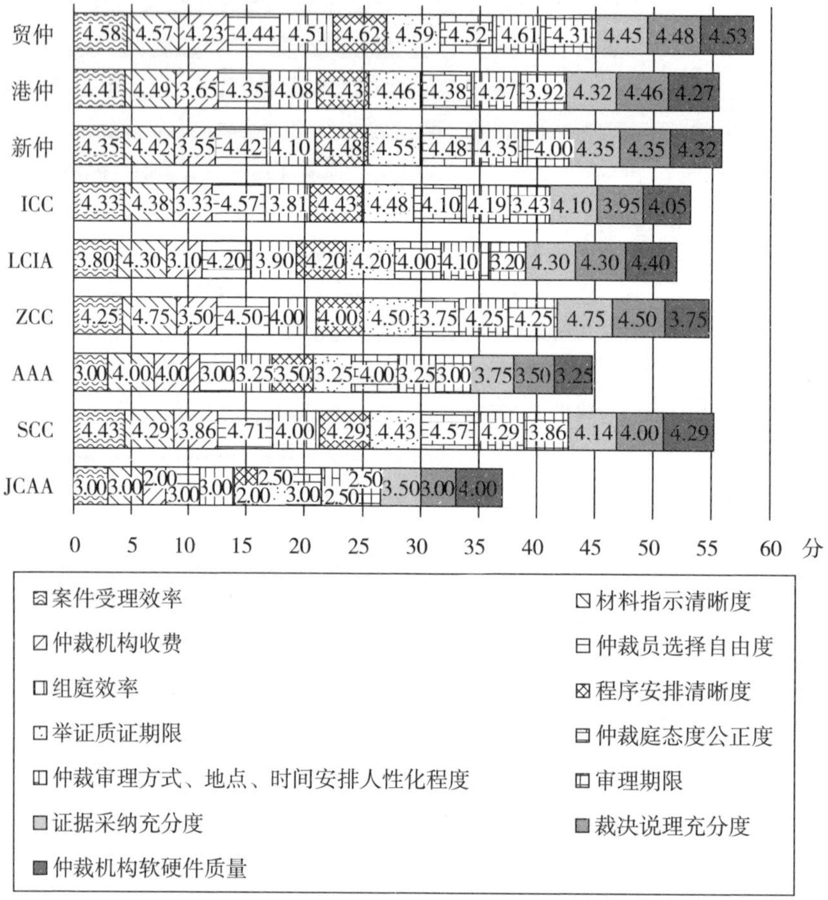

图1－29 企业对国际仲裁机构的总体满意度

第二章 【律师和第三方观察】中国企业涉外纠纷律师聘请和第三方资助情况

（一）涉外仲裁代理情况

律师是涉外仲裁的重要参与方之一，本部分即通过问卷方式调研涉外仲裁中的律师代理情况。

1. 企业是否有争议解决团队

在调研受访企业中，67%的企业由法务和律师共同组成争议解决团队，11%的企业没有设置争议解决团队，而是在遇到争议时临时组建争议解决团队（见图2－1）。

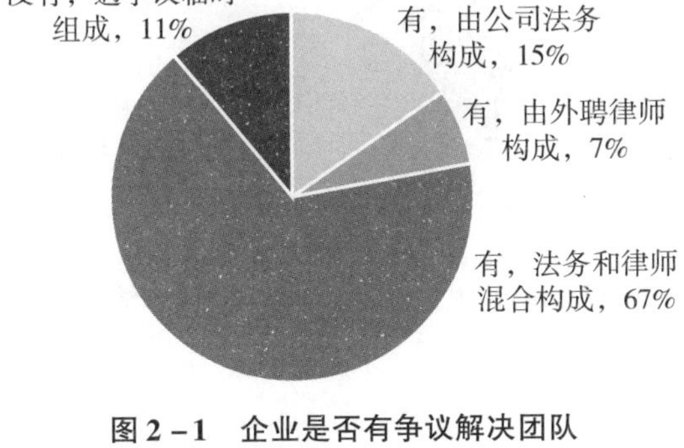

图2－1 企业是否有争议解决团队

2. 企业聘请律师代理涉外仲裁案件的情况

在调研受访企业中,8% 的企业没有聘请过律师,聘请律师的企业又分为 3 种情况:其中,47% 的企业在每个案件中均聘请律师,38% 的企业在大多数案件中聘请律师,7% 的企业仅在小部分案件中聘请律师。从调研数据可知,受访企业较重视律师在涉外仲裁案件中的作用。此外,从律师国籍来看,受访企业以聘请境外律师居多(见图 2-2、图 2-3)。

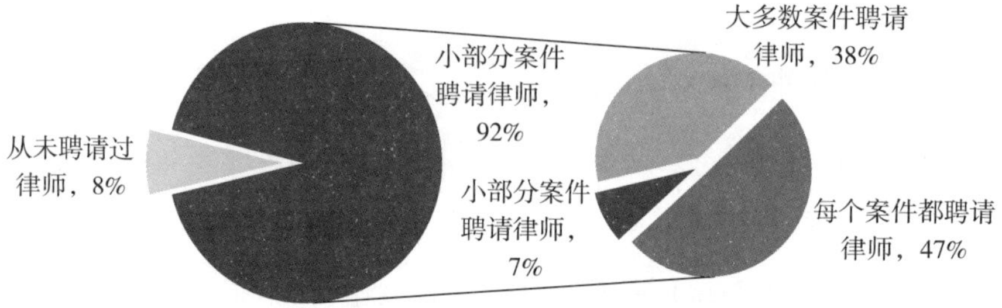

图 2-2 企业聘请代理律师情况

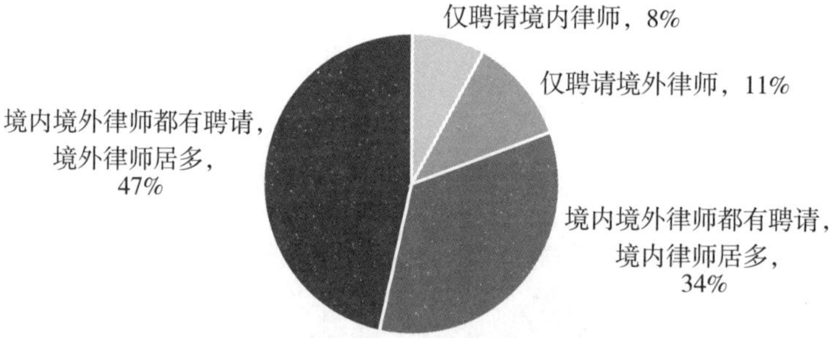

图 2-3 企业聘请境内外代理律师情况

3. 企业选择代理律师的因素

在受访企业选择代理律师的因素上，法律专业性和同类案件经验位居前列，国籍和文化背景、仲裁员经验、代理费用高低的影响较小（见图2－4、图2－5）。

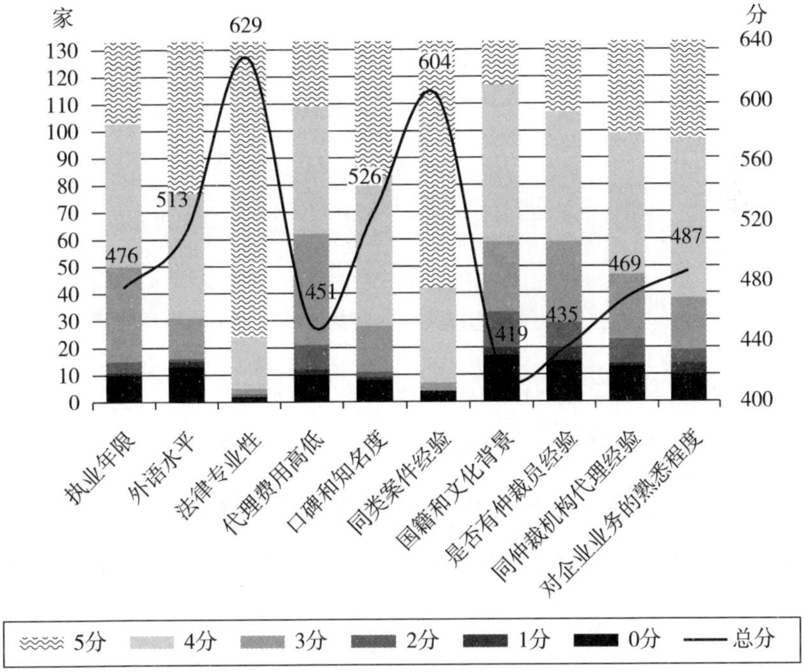

图2－4 企业涉外仲裁选择代理律师的影响因素（选择企业数和总分）

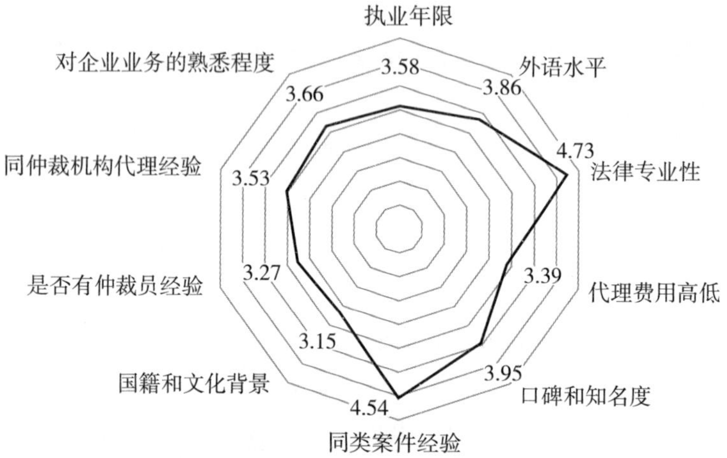

图2－5　企业涉外仲裁选择代理律师的影响因素——平均分雷达

4. 企业认为选择境内律师或境外律师的优势

在境内外律师的比较上,受访企业认为,境外律师在代理涉外仲裁案件中的专业度上具有显著优势,但也存在代理费用过高问题。在沟通、信赖感、选择范围、配合度、经验上,受访企业对境内外律师的比较无显著差别(见图2－6)。

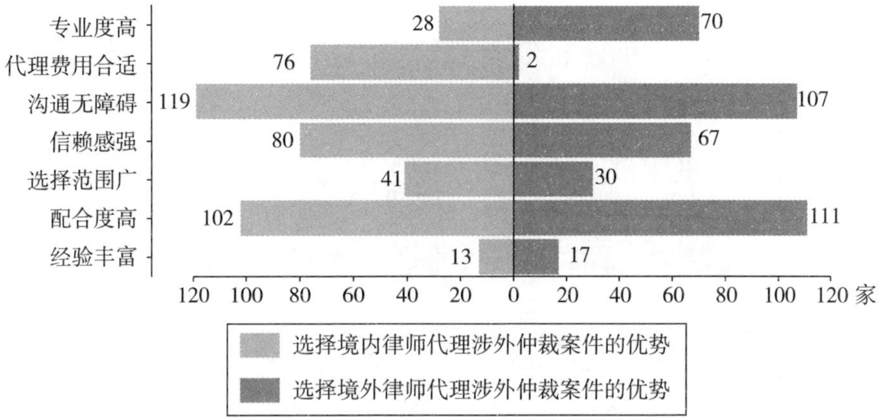

图 2-6 境内外律师代理涉外仲裁案件的优势对比

5. 企业聘用律师的途径

在律师选聘途径上,大部分受访企业通过推荐和招标方式选聘律师(见图 2-7)。

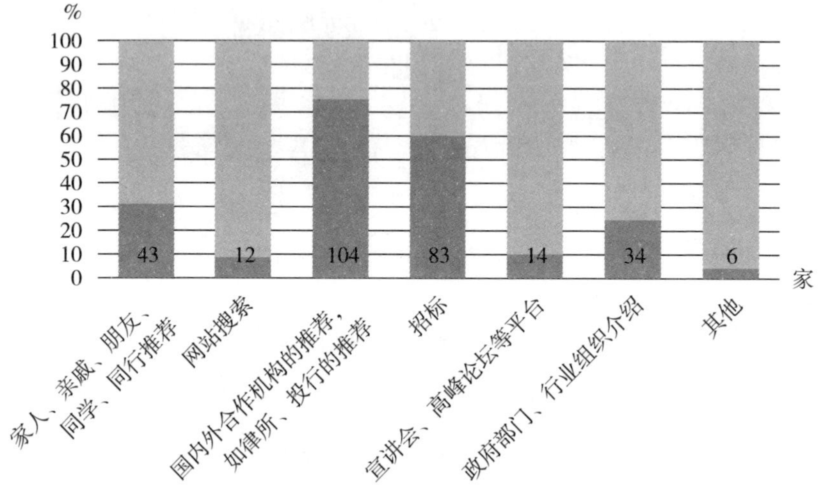

图 2-7　企业聘用律师的途径

6. 企业聘用律师后对案件的参与程度

在聘用律师后，大部分受访企业主要参与案件沟通、事实梳理、证据收集环节，对开庭准备和仲裁书面材料准备环节参与较少（见图2-8）。

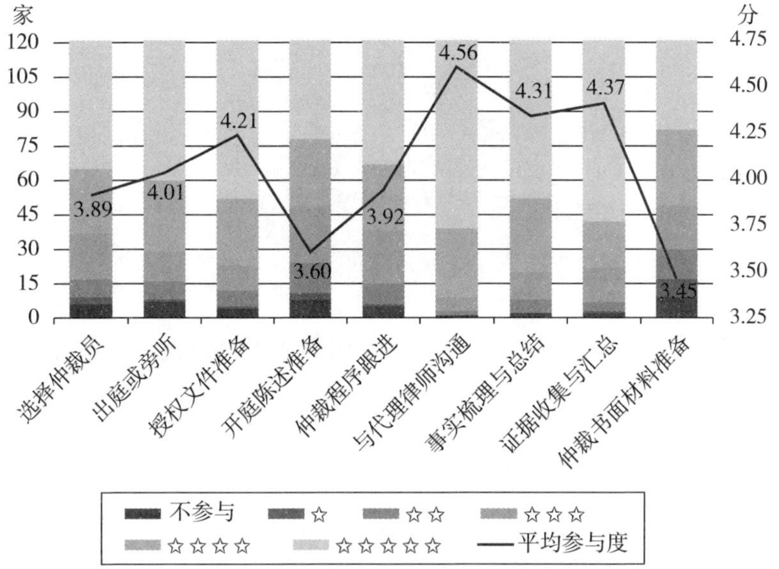

图 2-8 企业聘请律师后对案件的参与程度

（二）第三方资助仲裁[①]情况

在本次调研中，56% 的受访企业完全不了解第三方资助仲裁，98% 的企业没有第三方资助仲裁的经验（见图 2-9、图 2-10）。

① 一般是指当事人从与仲裁案件无利害关系的第三人处获得对于仲裁费用的资助以参与仲裁，该第三方主体可由此获得与仲裁裁决有关的利益。

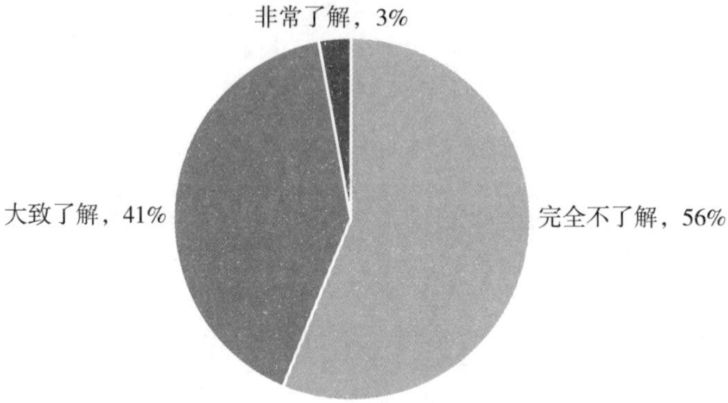

图 2-9 企业对“第三方资助仲裁”了解程度

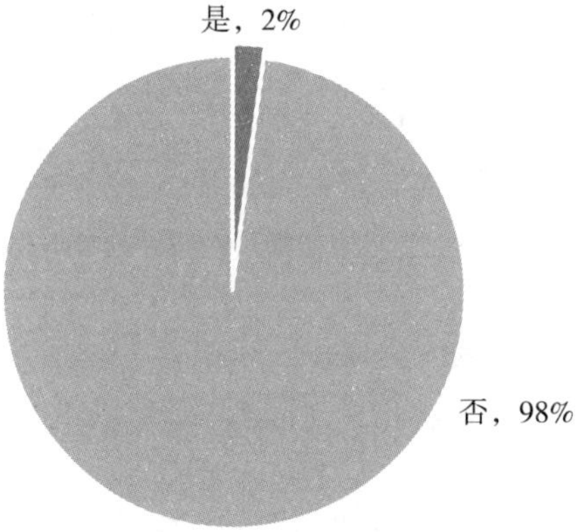

图 2-10 企业是否有“第三方资助仲裁”的经验

针对是否愿意尝试第三方资助仲裁,74%的企业表示愿意进一步了解后再判断是否尝试(见图 2-11)。

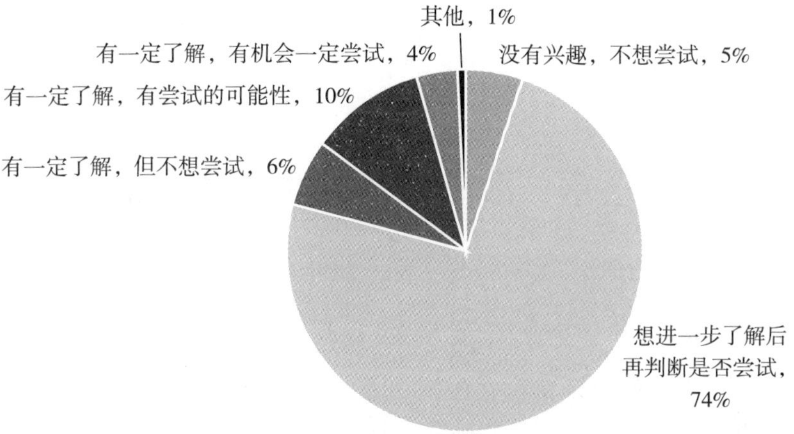

图 2－11 企业对"第三方资助仲裁"的态度

第三章 涉外仲裁的机遇和挑战

为充分了解中国企业在“走出去”过程中涉外仲裁面临的机遇与挑战,以及提升中国仲裁机构在中国企业“走出去”过程中的服务质量,我们在调查问卷中,针对企业选择仲裁的倾向性和影响因素,以及企业在国际仲裁中遇到的困难和对仲裁机构的期望和建议方面,专门设置了详细的问题。本书还结合了调查问卷中受访企业对中国仲裁机构的意见和建议,以及在访谈和座谈会中反映出的信息,对本章内容作了小结。

(一)机遇

1. 企业认为仲裁方式解决争议的优点

本次调研中,受访企业认为,仲裁方式解决争议的前五大优点依次是保密性高、国际普遍认可、灵活便捷、高效和意思自治(见图3-1)。

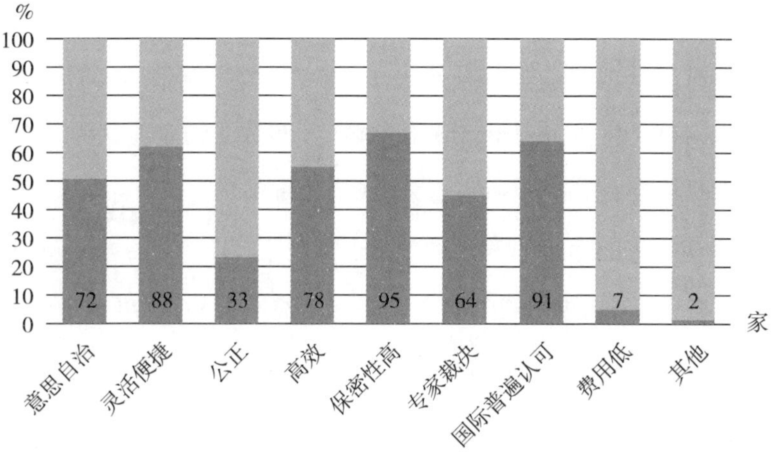

图 3－1　企业认为仲裁方式解决争议的优点

2. 企业是否会继续选择仲裁

本次调研中，86% 的受访企业表示会继续选择仲裁方式，只有 1% 的受访企业明确表示不会继续选择仲裁，另有 13% 的受访企业不确定是否会继续选择仲裁方式解决争议（见图 3－2）。

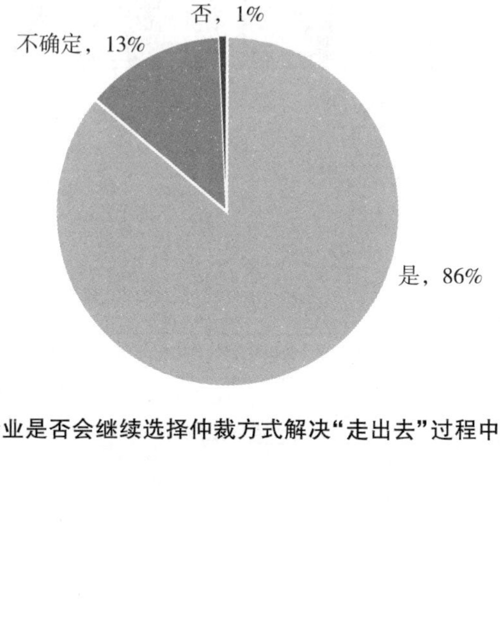

图 3－2　企业是否会继续选择仲裁方式解决“走出去”过程中的争议纠纷

3. 企业选择仲裁的影响因素

总体而言,对中国企业选择仲裁方式解决争议影响最突出的因素依次为仲裁机构独立性、裁决执行力和保密性,大多数受访企业认为这3类因素对其选择仲裁决策的影响程度最高或第二高。

此外,审理期限和审理程序的效率也在企业选择仲裁方式解决争议的决策中有较重要的影响,较少的企业将这两类因素的重要性放在了第一位,更多的企业将此两类因素的影响力放在了第二位(见图3-3)。

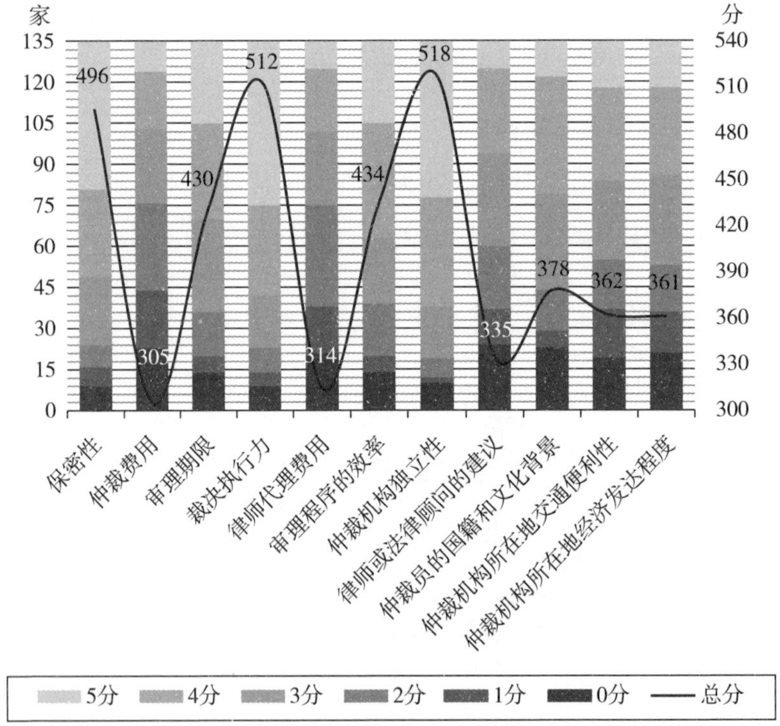

图3-3 企业选择仲裁方式解决争议的影响因素(选择企业数和总分)

仲裁员的国籍和文化背景、仲裁机构所在地交通便利性以及仲裁机构所在地经济发达程度3类影响因素，虽然将其视为最重要和最高影响因素的企业相对较少，但也有相当一部分受访企业将其视为第二或第三重要的影响因素。

对企业选择仲裁方式解决争议影响最小的是仲裁费用、律师代理费用以及律师或法律顾问的建议，与其他影响因素相比，认为这3类因素对企业选择仲裁的决策几乎不产生影响的企业较多，而认为这3类因素影响力最高的企业仅占所有受访企业的8%左右（见图3-4）。

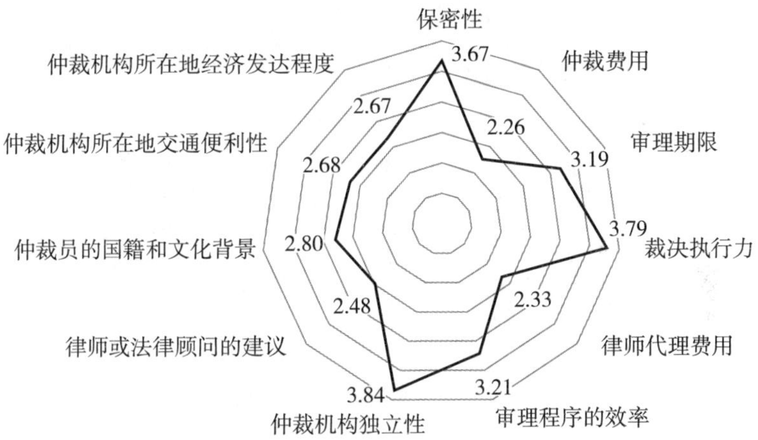

图3-4　企业选择仲裁方式解决争议的影响因素——平均分雷达

4. 企业认为影响案件结果的主要因素

从中国企业认为影响案件结果的主要因素来看，约70%的受访企业认为，证据是否充分以及仲裁庭对证据的采纳程度是影响案件结果最主要的因素；较多受访企业认为，适用法律、仲裁庭是否公正、案件事实以及律师专业度也对案件结果有重要影响。选择上述6类因素的受访企业数量,均超过总受访企业数量的60%,在所有备选因素中格外突出。选择其余备选因素的企业相对较少,其中30%左右的受访企业认为,仲裁机构、仲裁员国际和文化、仲裁地以及仲裁规则是影响案件结果的主要因素;约20%的受访企业认为,庭审表现、仲裁语言和企业参与度是影响案件结果的主要因素(见图3-5)。

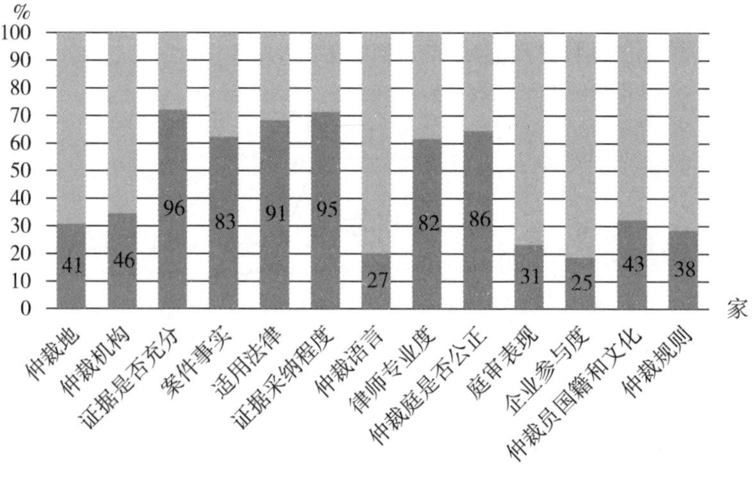

图3-5 企业认为影响案件结果的主要因素

(二)挑战

1.企业在涉外仲裁中遇到的困难

从中国企业在涉外仲裁中遇到的困难来看,过半数受访企业认为,涉外仲裁的仲裁费用高昂且审理期限过长。较多受访企业在国际仲裁中遇到了语言不通、没有或很少有翻译服务、不了解怎样选择合适的仲裁员等困难。较少受访企业在涉外仲裁中存在仲裁地点交通不便、联系海外仲裁员或仲裁庭方式单一以及仲裁裁决的承认与执行不顺等困难。此外,在送达和材料递交方面,也有少数企业遇到了困难,包括对方送达地址难以提供、不了解仲裁程序以致错过提交材料的期限以及难以接收书面材料等;在庭审方面,也有个别受访企业存在线上开庭网络不佳以及审理时间安排不合理等困难。另有极少数企业表示,在国际仲裁中遇到了裁判文书错误和仲裁员存在问题行为的困难(见图 3 – 6)。

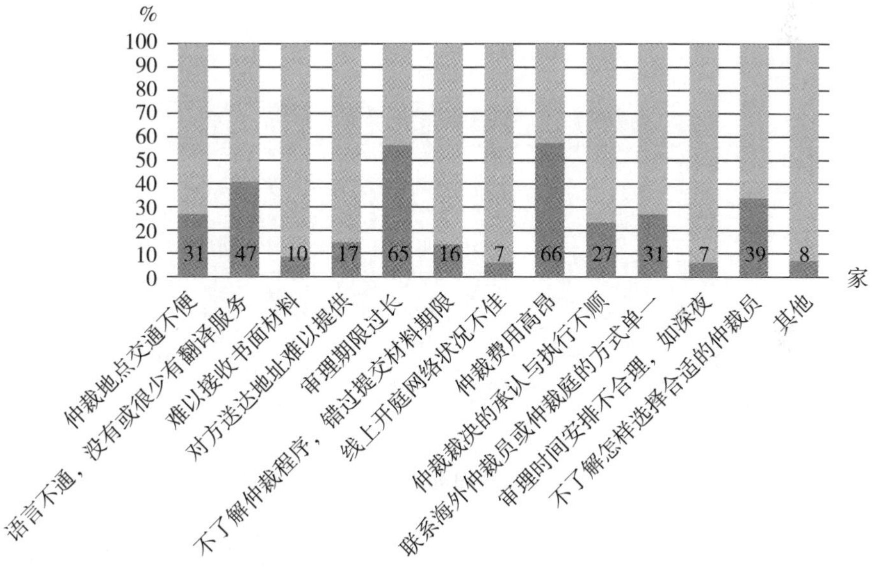

图 3 – 6　企业在涉外仲裁中遇到的困难

用户对审理期限问题的关注,同样反映在伦敦玛丽女王大学的调研中。该调研的其中一个问题为“如果可以让仲裁收费更低和审理效率更高,你愿意放弃哪些程序方面的权利?”,61% 的受访者选择了放弃“无时间限制地提交书面材料"。同时,《2021 年国际仲裁调研报告》指出,有 60% 的仲裁员和 51% 的公司法务表示希望可以限制提交书面材料的时间,以进一步提高审理的效率。①

2. 企业希望仲裁机构提高或完善的方面

有近半数受访企业希望仲裁机构在翻译支持方面有所提高,还有约 40% 的受访企业表达了对仲裁机构继续完善调解、仲裁员管理以及法律法规研究方面的期望。此外,还有较少企业希望仲裁机构能够提高和完善专家委员会制度以及人才培养方面(见图 3－7)。

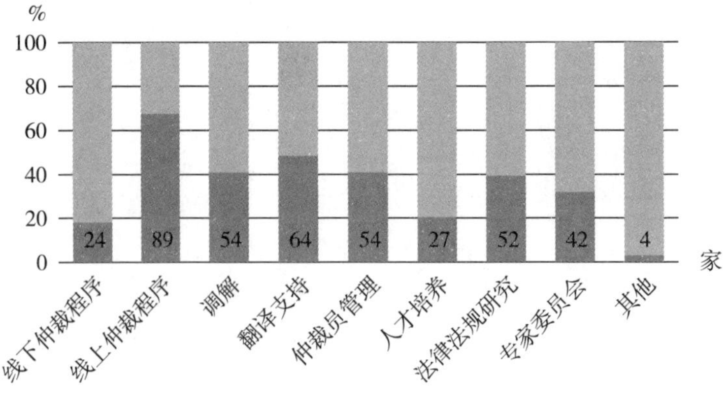

图 3－7　企业希望仲裁机构提高或完善的方面

该调研结果与伦敦玛丽女王大学《2021 年国际仲裁调研报告》的结论比较相似:在"仲裁机构如何改进会更吸引当事人选择该机构"的问题上,

---

① 载 https://arbitration.qmul.ac.uk/media/arbitration/docs/LON0320037－QMUL-International-Arbitration-Survey－2021_19_WEB.pdf,最后访问日期:2022 年 6 月 1 日。

38%的受访者希望给予远程网络开庭管理上充足的支持;32%的受访者希望仲裁员队伍更加国际化或多样化;29%的受访者希望管理流程更加透明,如在仲裁员选择和质疑时的透明度;24%的受访者希望有速裁程序的规定。①

3. 企业希望了解涉外仲裁的渠道

从中国企业希望了解涉外仲裁相关内容的渠道来看,仲裁机构官网是被受访企业选择最多的渠道,此外,还有个别企业提到了微信公众号等新媒体渠道,而仅有25%左右受访企业选择报刊书籍等传统媒体渠道。在线上线下和新旧媒体渠道中,线上媒体和新媒体渠道顺应时代潮流,成为绝大多数企业的选择。

低于50%的受访企业希望从律师、法律顾问或仲裁机构的线下咨询中了解涉外仲裁内容,与之相比,更多的受访企业希望通过公开讲座或专项培训方式了解涉外仲裁(见图3-8)。

① 载 https://arbitration.qmul.ac.uk/media/arbitration/docs/LON0320037-QMUL-International-Arbitration-Survey-2021_19_WEB.pdf,最后访问日期:2022年6月1日。

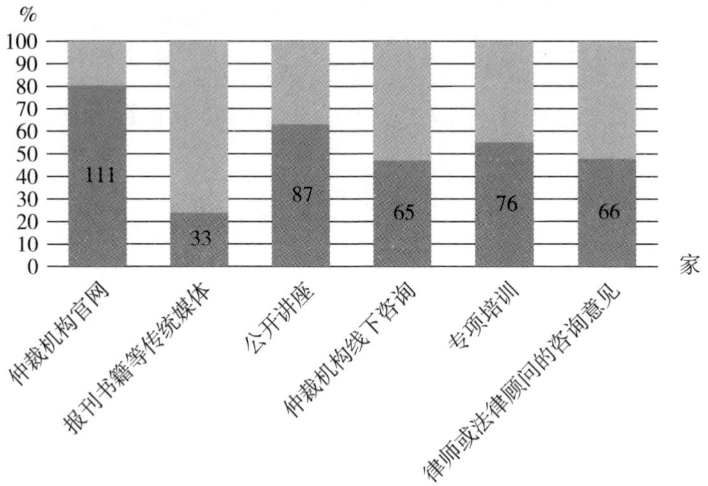

图 3－8　企业希望了解涉外仲裁的渠道

4. 企业希望深入了解的涉外仲裁相关内容

从中国企业希望深入了解的涉外仲裁相关内容来看，受访企业最希望深入了解的前 3 项涉外仲裁内容依次为仲裁规则、裁决的境外执行以及办案流程；较多受访企业希望深入了解特别制度（如紧急仲裁员程序、第三方资助仲裁等）以及仲裁员的背景相关内容；较少受访企业希望深入了解有关示范性仲裁条款和仲裁受案范围的内容。

结合我们对企业希望了解涉外仲裁内容渠道的调研结果，仲裁机构可以考虑优先完善深化官网上有关上述排名前 3 项的内容，仲裁机构和其他相关机构还可以以此为参考，选择针对企业开展的公开讲座或专项培训主题（见图 3－9）。

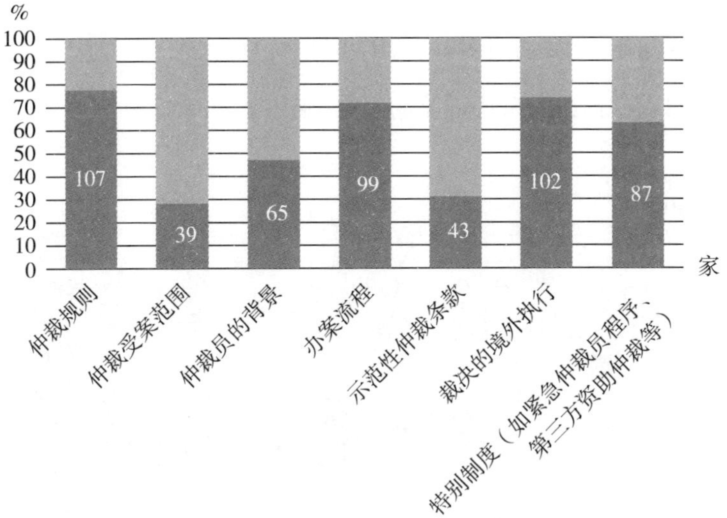

图 3－9 企业希望深入了解的涉外仲裁相关内容

5. 企业需要我国仲裁机构提供的帮助或服务

从中国企业需要我国仲裁机构提供的帮助或服务来看，超过 60% 的受访企业希望我国仲裁机构提供的前 4 项服务依次为：开展涉外仲裁专项培训、提供类案案例评析、提供国际仲裁员选择指南以及提供海外执行司法协助指导。此外，接近 50% 受访企业需要我国仲裁机构提供专业的翻译服务。需要我国仲裁机构提供灵活多样的审理方式、提供网络流畅的开庭场所、完善送达措施以及提供模拟涉外仲裁开庭服务的受访企业相对较少，但也均超过受访企业的 30% 。

总体而言，我们从企业需要的帮助或服务中可以看出，大多数企业对涉外仲裁专项培训和类案案例评析体现的需求较高，体现出了中国企业渴望通过深入了解涉外仲裁的各方面来预测和把握案件结果。同时,对国际仲裁员选择指南和海外执行司法协助指导的迫切需求,也能从侧面反映出中国企业目前在涉外仲裁中面临的困难(见图 3－10)。

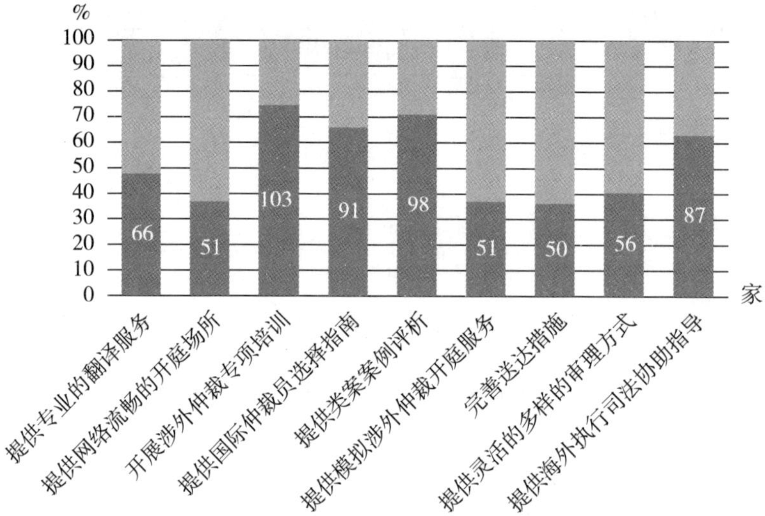

图 3－10　企业需要我国仲裁机构提供的帮助或服务

(三)小结和建议

根据前引调研数据,我们可以大致了解目前中国企业"走出去"过程中涉外仲裁的现状和对仲裁机构的要求。本节对本次调研了解的涉外仲裁的机遇和挑战作一个简要总结,同时结合调查问卷、企业访谈以及专项座谈会中得到的反馈,对中国仲裁机构如何更好地服务于中国"走出去"企业、如何在涉外仲裁中建立优势提出建议。

1. 企业在涉外仲裁中遇到的挑战

依据我们在本次调研中得到的数据和反馈，我国企业在涉外仲裁遇到了诸多挑战，其中较突出的有：

(1) 选择仲裁机构时，难以选择国内的或熟悉的仲裁机构，被迫选择在较陌生的环境进行仲裁活动；

(2) 涉外仲裁审理期限过长、仲裁费用高昂、语言不通、不了解如何选择合适的仲裁员、仲裁地点交通不便等因素，导致企业在涉外仲裁中花费精力多、负担大。

通过我们对问卷数据和线下访谈结果的分析，产生上述问题的原因，不仅在于企业自身参与国际仲裁、运用国际规则的经验较欠缺，也在于我国仲裁机构在涉外仲裁方面优势不明显。对于企业自身来讲，涉外仲裁挑战产生的原因有：

(1) 对争议解决条款重要性认识不足，在合同谈判中对争议解决条款作出过多让步；

(2) 涉外法律人才不足，法务人员在合同谈判中缺乏话语权。

我国仲裁机构在涉外仲裁方面的不足，也造成了企业在涉外仲裁中面临挑战的现状，包括以下几方面：

(1) 我国仲裁机构宣传力度有待加强，仲裁的优势尚未在国内企业中得到广泛认可；

(2) 我国仲裁机构的国际竞争力和公信力有待提高；

(3) 我国涉外服务资源供给不足，特别是涉外仲裁高端人才缺口较大,导致我国企业在国际仲裁中选择受限。

2. 推动我国涉外仲裁进一步发展的建议

以新加坡为代表的周边区域正在大力提升和打造国际仲裁中心,区域仲裁竞争日益激烈。为了中国仲裁真正得到国际上的认可,也为了我国企业在“走出去”过程中的争议解决能够得到最大助力,我们在此从法律和司法环境、仲裁机构以及企业角度,多层次、多方面提出建议。

(1)法律和司法环境层面

第一,完善仲裁法律制度。在充分吸收经过实践检验的中国特色经验的基础上,研究参考 UNCITRAL《国际商事仲裁示范法》(以下简称《示范法》)和最新的发展成果,并兼顾参考全国主要贸易国家的一些最新的立法发展,对目前我国的仲裁法律制度进行系统优化,特别是要强化我国《仲裁法》的域外适用问题。包括调整可仲裁事项的范围,扩大仲裁可以解决的纠纷范围,明确裁决的统一标准;参考并规范在国际上普遍存在的临时仲裁制度、在线仲裁制度和快速仲裁制度等;为互联网仲裁提供法律依据,以支持规范互联网仲裁的发展等。

第二,筹建中国仲裁协会。目前,我国已有 270 多家仲裁机构,分布在 250 多个城市,各自平行独立,没有隶属关系。涉及仲裁整个行业的系统仲裁规则、行业规范标准、从业人员行为操守规范、违纪监督处理等共同的行业治理监督事务,应当建立一个统一的协会组织承担,以增强我国仲裁的总体公信力。成立筹建中国仲裁协会,统一规范中国仲裁行业,对增强我国仲裁公信力和竞争力有重要意义。

第三,打造中国国际仲裁中心、打造国际仲裁服务的“中国平台”。准确定位、提前布局并打造具有中国特色、富有国际竞争力的中国国际仲裁中心,服务于中国企业“走出去”和“一带一路”建设需求的同时,打造国际仲裁服务的“中国平台”,以构建中国参与国际治理、全球治理的有效渠道。

第四,加强涉外仲裁人才的培养工作。涉外仲裁服务的人才储备不足、专业能力不强、办案经验不足,是影响我国整体涉外仲裁竞争力提升的重要因素。多部门、多机构应当联合建立一个与国际通行的仲裁制度相适应的涉外仲裁人才培养体系,打造一支坚定不移走中国特色社会主义法治道路、高素质、专业化的涉外仲裁人才队伍。

(2)仲裁机构层面

第一,推动仲裁机构的现代化治理结构改革,完善仲裁机构独立性。目前,我国仲裁机构在体制方面大部分是事业单位体制,实行行政事业性收费的财务管理和事业单位的人事管理体制。在事业单位性质的体制机制下,仲裁机构在人、财、物各方面自主权不足,限制了仲裁行业的发展。为此,推动仲裁机构内部治理机制的综合改革,赋予仲裁机构在人事、财务、薪酬等方面更大的自主权,激发发展动力、释放活力,树立中国仲裁机构独立、中立的社会形象和国际形象,有利于提升我国仲裁机构的国际影响力和公信力,也有利于完善我国仲裁机构的独立性。

第二,大力加强中国仲裁品牌形象建设。大力加强中国仲裁品牌形象建设,一是要发挥中国仲裁机构在仲裁中心建设中的作用,积极对标国际最高标准,聚焦服务“一带一路”建设等国家重大发展目标,打造具有全球影响力的仲裁中心,建设仲裁的服务高地,打造品牌。二是积极开展仲裁国际交流合作,考察最先进、成熟的涉外仲裁经验。三是加大对仲裁的对外宣传,包括组织拍摄宣传片,讲好中国仲裁故事、举办各类涉外仲裁相关论坛、讲座等。

第三,提高仲裁员队伍建设,提高其专业素质和外语水平。加强我国仲裁员队伍的整体能力,是提高我国仲裁公信力和国际影响力的核心和关键。提高仲裁员队伍建设,需要提高仲裁员的入门门槛,要始终坚持国际化、专业化的高标准,以吸收德才兼备、素质好、业界认可度高的优秀专业人才,进而培养造就一批国际化的涉外仲裁人才。在注重培养的同时,还要注重吸收各个国籍的仲裁员,使仲裁员可选范围更加国际化。例如,随着“一带一路”建设的不断发展,贸仲就逐步在完善和扩充外籍仲裁员人数和范围,未来可能会将外籍仲裁员的范围扩大至130多个国家和地区。

第四,完善线上仲裁程序,发展线上仲裁服务平台。针对我国“走出去”企业的迫切需求,中国仲裁机构应当完善线上仲裁程序,发展线上仲裁服务平台,争取做到线上仲裁“一站式”服务。比如,贸仲推出的信息化解决方案和措施——智慧庭审平台,就值得中国仲裁机构学习借鉴。

第五,建立多样化仲裁规则,为“走出去”企业提供各类有特色的涉外仲裁服务。中国仲裁机构应当针对不同领域建立多样化的仲裁规则,推出独具特色的专业争议解决服务,例如,为金融、投资、建设工程等不同领域的当事人提供适合其行业需要的仲裁法律服务。同时,建议中国仲裁机构积极开展涉外仲裁专项培训,有针对性地提供类案评析、提供线上答疑和翻译服务等。仲裁机构还可以出台各类涉外仲裁指导性文件,如争议解决条款谈判指引、涉外仲裁员选择指南、涉外裁决的海外执行司法协助指南等。

(3)企业

第一,重视争议解决条款,牢牢把握争议解决选择话语权。中国“走出去”企业应当转变思路,充分重视争议解决条款,把可能发生的争议、受到的损失等列入事先考虑事项。尽量构建细致的仲裁条款,不仅要注重选择仲裁机构,也要注意仲裁员、仲裁语言、适用法律、仲裁地、开庭地点、开庭程序等的选择和取舍。

第二,中国企业“走出去”,企业法务人员“跟出去”。中国“走出去”企业应当构建专门的合同谈判流程,将争议解决条款的审核作为合同谈判的重要流程之一,提高法务人员的地位和参与度,让企业法务人员参与一线合同的谈判。

第三,重视企业涉外法律人才培养,针对涉外仲裁开展实务性培训。中国“走出去”企业应当重视对法务人员的培养,尤其要加强对涉外仲裁的实务培训,让企业法务人员掌握并运用国际仲裁规则,熟悉仲裁程序,以取得预期的仲裁结果。

【实践观察篇】

第四章 【仲裁机构观察】主要国际仲裁机构调研情况

本章结合网络公开信息，对贸仲、港仲、SIAC、ICC、SCC、JCAA、LCIA、AAA、SAC 进行研究。

一、主要国际仲裁机构近年发展

（一）贸仲

成立于 1956 年的贸仲近年来处理的案件数量及争议金额稳步提高，位居世界知名仲裁机构前列。[①] 2021 年，贸仲新收案件首次突破 4000 起，达 4071 起，较 2017 年 2298 起有明显增加。[②] 同时，争议金额连续 4 年超过千亿元，2021 年达人民币 1232 亿元。[③]

---

① 载 http://www.cietac.org/index.php? m = Page&a = index&id = 2，最后访问日期：2022 年 6 月 1 日。

② 载 http://www.cietac.org/index.php? m = Page&a = index&id = 24，最后访问日期：2022 年 6 月 1 日。

③ 载 http://www.cietac.org/index.php? m = Article&a = index&id = 23，最后访问日期：2022 年 6 月 1 日。

在案件争议类型方面,贸仲案件类型全面,货物买卖、机电设备、服务合同、股权转让等传统类型案件持续占较大比例,金融创新类案件、建筑工程案件、特许经营和文娱产业类案件增长明显。[①] 2020 年金融类仲裁案件共 217 起,占当年收案数量的 6% 。[②] 2021 年,金融创新案件增幅达 50%以上,建筑工程案件增幅达 36% ,特许经营、文娱产业等类型争议增幅达一倍以上。[③]

另外,贸仲案件国际化因素显著增强,涉外案件的数量和争议金额都持续增长,2021 年涉外案件达 636 起,争议金额达人民币 574 亿元,同比增长 51.78% ,双方均为境外当事人案件达 61 起,争议金额人民币 37 亿元,个案平均争议金额达人民币 6001 万元。[④] 2019 ~ 2021 年案件当事人分别来自 72 个、76 个和 74 个国家或地区,较 2017 年和 2018 年的 60 个国家及地区有较大提升。[⑤] 2021 年公开数据更增加对涉“一带一路”案件统计,涉“一带一路”案件 136 起。[⑥]

---

① 载 http://www.cietac.org/index.php? m = Article&a = index&id = 23,最后访问日期:2022 年 6 月 1 日。

② 中国国际经济贸易仲裁委员会主编:《中国国际商事仲裁年度报告(2020—2021)》,法律出版社 2022 年版,第 95 页。

③ 载 http://www.cietac.org.cn/index.php? m = Article&a = show&id = 18232,最后访问日期:2022 年 6 月 1 日。

④ 载 http://www.cietac.org.cn/index.php? m = Article&a = show&id = 18232,最后访问日期:2022 年 6 月 1 日。

⑤ 载 http://www.cietac.org/index.php? m = Article&a = index&id = 23,最后访问日期:2022 年 6 月 1 日。

⑥ 载 http://www.cietac.org.cn/index.php? m = Article&a = show&id = 18232,最后访问日期:2022 年 6 月 1 日。

上述数据的不断增长，与贸仲处理案件时长较法院更短，程序快捷，相对低廉的费用，仲裁与调解相结合的特点不无关系；[①]亦离不开其近年来不断深化其案件管理、内部机构的改革，致力提供经济、便捷多元化争议解决服务。[②] 贸仲2018年实行首任接待秘书负责制，减少立案环节；为进一步提高办案质量和效率，不断提升办案办公的信息化水平，其在原有裁决核阅制度之上，推行全线上流程管理，2019年开通网上立案系统，网上立案数量由2019年的190起增加到2021年的870起，占比达21%；2021年启用电子证据交换平台，实现办公全流程电子化；为满足当事人的行业仲裁需要，贸仲提供独具特色的行业争议解决服务，如粮食行业争议、商业行业争议、工程建设争议、金融争议以及羊毛争议解决服务等。[③]

另外，贸仲致力提高其国际化水平呼应了国家外经贸发展和中国企业“走出去”的需要。其2017年在西安市成立贸仲委丝绸之路仲裁中心，着力推动“一带一路”倡议落实，[④]2018年在加拿大温哥华及奥地利维也纳设

---

① 载 http://www.cietac.org/index.php? m = Page&a = index&id = 2，最后访问日期：2022年6月1日。

② 载 http://www.cietac.org/index.php? m = Article&a = show&id = 18233，最后访问日期：2022年6月1日。

③ 载 http://www.cietac.org/index.php? m = Page&a = index&id = 2，最后访问日期：2022年6月1日。

④ 载 http://www.cietac.org/index.php? m = Article&a = show&id = 15193，最后访问日期：2022年6月1日。

立北美仲裁中心及欧洲仲裁中心,[①]2020 年设立海南仲裁中心和雄安分会,[②]2019 年贸仲组织发起并与近 30 家国际仲裁机构和 13 家国内仲裁机构达成《“一带一路”仲裁机构北京联合宣言》,提出共建“一带一路”仲裁机构更加紧密合作机制的倡议。[③]

(二)港仲

成立于 1985 年的港仲是亚洲国际化程度较高的仲裁机构之一。除中国香港特别行政区总部外,其在上海、首尔同样设有办公室。[④] 港仲的国际案件比例常年大于当年收案数量的 70%,2017~2021 年其共收案 1465 起,一方当事人为非中国香港特别行政区主体的案件数量达 1201 起,占全部案件的 82%。中国香港特别行政区本地案件共 264 起,占全部案件的 18%。[⑤]

从案件种类来看,国际贸易、海事、公司和建筑类争议案件数量较多,占总案件 70% 以上。[⑥] 近年来,银行和金融服务类纠纷案件数量增长趋势明显,从 2017 年的 6.2% 增长到 2020 年的 13.5%。[⑦]

---

① 载 http://www.cietac.org.cn/index.php? m = Article&a = show&id = 15803,最后访问日期:2022 年 6 月 1 日。

② 载 http://www.cietac.org.cn/index.php? m = Article&a = show&id = 17428,最后访问日期:2022 年 6 月 1 日。

③ 载 http://www.cietac.org.cn/index.php? m = Article&a = show&id = 16447,最后访问日期:2022 年 6 月 1 日。

④ 载 https://www.hkiac.org/zh-hans/arbitration/why-choose-hkiac,最后访问日期:2022 年 6 月 1 日。

⑤ 载 https://www.hkiac.org/zh-hans/about-us/statistics,最后访问日期:2022 年 6 月 1 日。

⑥ 载 https://www.hkiac.org/zh-hans/about-us/statistics,最后访问日期:2022 年 6 月 1 日。

⑦ 载 https://www.hkiac.org/zh-hans/about-us/statistics,最后访问日期:2022 年 6 月 1 日。

港仲在处理涉中国内地纠纷上具有独特优势。由于中国香港特别行政区毗邻中国内地,港仲对中国商业、政策及法律环境有深入的了解。港仲可用中文、英文,或中英文双语管理案件。港仲是所有境外国际仲裁中心里处理最多涉及中国内地当事人案件的仲裁机构。港仲仲裁裁决的执行在中国内地保持着极佳的纪录。过去7年,人民法院只拒绝执行过一项港仲仲裁裁决。[①]

除在处理涉中国内地纠纷上的优势外,港仲对案件审理干涉程度低、程序灵活、收费方式多样便捷等都是其主要特点。港仲在非必要情况下不会干预仲裁程序,不实行核稿制。[②] 在追加当事人,合并仲裁程序以及可在多个合同下启动单一程序等的全面规定使港仲能更高效、经济地处理涉及多个当事人或多个合同的仲裁案件。[③] 港仲允许当事人选择按小时费率(上限为6500港元)或以争议标的额大小支付仲裁员费用,是首家作出此规定的国际仲裁中心。[④]

2018年,港仲成立了来自包括金融、基础设施、保险及建筑等各界人士的"一带一路"咨询委员会,以呼应"一带一路"倡议,为涉及该倡议的纠

---

① 载https://www.hkiac.org/zh-hans/arbitration/why-choose-hkiac,最后访问日期:2022年6月1日。

② 载https://www.hkiac.org/zh-hans/arbitration/why-choose-hkiac,最后访问日期:2022年6月1日。

③ 载https://www.hkiac.org/zh-hans/arbitration/why-choose-hkiac,最后访问日期:2022年6月1日。

④ 载https://www.hkiac.org/zh-hans/arbitration/why-choose-hkiac,最后访问日期:2022年6月1日。

纷案件提供更好的服务。[①] 2019 年《关于内地与香港特别行政区法院就仲裁程序相互协助保全的安排》(以下简称《安排》)生效实施,这是中国内地与其他法域签署的第一份有关仲裁保全协助文件,为选择港仲作为争议解决机构的涉中国内地案件当事人提供了更多的便利。[②] 2020 年,港仲开始提供网上开庭服务,进一步推动其业务的信息化发展。[③]

虽然港仲的案件数量和争议金额不断上升,但其 2020 年年度报告预测称,未来其案件数量可能会有下降趋势。造成该趋势的原因是多方面的,例如,同区域内其他国际仲裁机构的不断发展崛起和社会事件的影响等,但该报告同时表示《安排》会在一定程度上促使其案件数量的增长。[④]

2018 年 11 月 1 日港仲颁布了最新仲裁规则,该规则对港仲 2013 年《机构仲裁规则》进行了修改和补充完善,主要增加了在线文件送达、第三方资助情况披露和初期决定程序等内容。[⑤]

(三) SIAC

成立于 1991 年的 SIAC 每年收案数量为 400 ~ 500 起,但涉案争议总

---

① 载 https://www.hkiac.org/sites/default/files/annual_report/annual% 20report% 203463 - 7390 - 6190% 20v.4.pdf,最后访问日期:2022 年 6 月 1 日。

② 中国国际经济贸易仲裁委员会主编:《中国国际商事仲裁年度报告(2019—2020)》,法律出版社 2021 年版,第 16 页。

③ 载 https://www.hkiac.org/sites/default/files/annual_report/annual% 20report% 202020.pdf,最后访问日期:2022 年 6 月 1 日。

④ 载 https://www.hkiac.org/sites/default/files/annual_report/annual% 20report% 202020.pdf,最后访问日期:2022 年 6 月 1 日。

⑤ 载 https://www.lexology.com/library/detail.aspx? g = 9a3158af - 5aa9 - 4b52 - be30 - 90e1db031830,最后访问日期:2022 年 6 月 1 日。

额呈不断上升趋势。[①] 2017 年涉案争议总额为 40.7 亿美元,2021 年已增加至 65.4 亿美元,2019 ~ 2020 年更突破 80 亿美元大关。[②] SIAC 受理的多为涉外案件,2017 ~ 2021 年,SIAC 共收案 2882 起,涉外案件 2550 起,占案件总量的 88%,其中,美国、印度和中国是国际案件的主要来源国。[③] 2013 年和 2017 年,SIAC 在印度孟买和古吉拉特邦设立办公室。[④] 2020 年,其在美国纽约和中国上海的办公室也成功设立,进一步反映了其当事人主要源于上述 3 国的事实。[⑤]

从案件种类来看,近 5 年,SIAC 受理的贸易类案件常年保持在案件总量的 20% 以上,2020 年更高达 64%,是其受理最多的案件类型。[⑥] 其他如公司、商事类案件亦是 SIAC 受理案件的主要类型。[⑦] 值得注意的是,2017 ~ 2018 年,海事案件占比分别为 20% 及 18%,位列当年第三。[⑧] 但自

① 载 https://www.siac.org.sg/2013-09-18-01-57-20/2013-09-22-00-27-02/annual-reports,最后访问日期:2022 年 6 月 1 日。

② 载 https://www.siac.org.sg/2013-09-18-01-57-20/2013-09-22-00-27-02/annual-reports,最后访问日期:2022 年 6 月 1 日。

③ 载 https://www.siac.org.sg/2013-09-18-01-57-20/2013-09-22-00-27-02/annual-reports,最后访问日期:2022 年 6 月 1 日。

④ 载 https://www.siac.org.sg/about-us/about-us/siac-india-representative-offices,最后访问日期:2022 年 6 月 1 日。

⑤ 载 https://www.siac.org.sg/about-us/about-us/siac-shanghai-representative-office,最后访问日期:2022 年 6 月 1 日。

⑥ 载 https://www.siac.org.sg/2013-09-18-01-57-20/2013-09-22-00-27-02/annual-reports,最后访问日期:2022 年 6 月 1 日。

⑦ 载 https://www.siac.org.sg/2013-09-18-01-57-20/2013-09-22-00-27-02/annual-reports,最后访问日期:2022 年 6 月 1 日。

⑧ 载 https://www.siac.org.sg/2013-09-18-01-57-20/2013-09-22-00-27-02/annual-reports,最后访问日期:2022 年 6 月 1 日。

2019年起,海事案件比重有所下降,2019～2021年所占比重分别为8%、6%、11%。[①]

此外,新加坡政府及SIAC为进一步吸引域外当事人在新加坡进行仲裁,采取了如允许域外律所在新加坡开展仲裁业务,域外律师及仲裁员无须工作签证即可提供仲裁服务等措施。[②] 同时,SIAC对仲裁进度进行监督并实行裁决核稿制,以尽可能减少裁决执行方面可能出现的问题。[③]

(四)ICC

成立于1923年的ICC每年处理案件数量近千起,案件争议类型以建筑工程和金融保险类为主,分别占ICC收案总量的25%及20%。[④]

从近年数据看,ICC的案件来自世界各地。来自北欧西欧和拉丁美洲国家的案件保持在30%和15%左右,来自东亚和南亚国家的案件在2019年达到19%,而其他年份多为13%～14%。[⑤] ICC在中国香港特别行政区、纽约、圣保罗、新加坡及阿布扎比设有办公室,以为来自不同国家和地

① 载https://www.siac.org.sg/2013-09-18-01-57-20/2013-09-22-00-27-02/annual-reports,最后访问日期:2022年6月1日。

② 载https://www.siac.org.sg/about-us/why-siac/arbitration-in-singapore,最后访问日期:2022年6月1日。

③ 载https://www.siac.org.sg/about-us/why-siac/arbitration-in-singapore,最后访问日期:2022年6月1日。

④ 载https://iccwbo.org/dispute-resolution-services/belt-road-dispute-resolution/,最后访问日期:2022年6月1日。

⑤ 载https://www.siac.org.sg/2013-09-18-01-57-20/2013-09-22-00-27-02/annual-reports,最后访问日期:2022年6月1日。

区的当事人服务。[①] ICC 设有非洲委员会，以在当地推广争议解决相关机制。[②] 2018 年，ICC 设立“一带一路”委员会，以便为涉及“一带一路”的各种基础设施建设项目提供更好的争议解决渠道。[③] ICC 会对裁决书草稿进行审核，以尽量减少不必要的错误和后续对裁决书的挑战。[④] 除法语和英语外，ICC 还可以用阿拉伯语、汉语、意大利语、葡萄牙语、西班牙语以及俄语受理案件。[⑤]

2021 年 1 月，ICC 更新了其仲裁规则。本次更新的主要内容有：在已确认或任命仲裁员后可追加当事人，允许涉及不同当事人的案件基于相同的仲裁协议进行合并；新增了当事人对第三方资助安排进行披露的规定；当仲裁协议约定的组庭方式存在可能影响裁决效力的风险时，仲裁院可指定仲裁员；认可了技术手段在仲裁中的应用，如通过电子邮件等方式送达和远程方式开庭等；进一步扩大了快速仲裁程序的适用范围，将适用快速仲裁程序的争议标的从 2017 年 ICC《仲裁规则》规定的 200 万美元以下，

---

① 载 https://www.siac.org.sg/2013-09-18-01-57-20/2013-09-22-00-27-02/annual-reports，最后访问日期：2022 年 6 月 1 日。

② 载 https://iccwbo.org/dispute-resolution-services/africa-commission/，最后访问日期：2022 年 6 月 1 日。

③ 载 https://library.iccwbo.org/dr-statisticalreports.htm? AGENT = ICC_HQ，最后访问日期：2022 年 6 月 1 日。

④ 载 https://iccwbo.org/dispute-resolution-services/icc-international-court-arbitration/，最后访问日期：2022 年 6 月 1 日。

⑤ 载 https://iccwbo.org/dispute-resolution-services/icc-international-court-arbitration/，最后访问日期：2022 年 6 月 1 日。

提升到了 300 万美元以下。①

快速仲裁程序一般采用书面审理方式,缩短了审理时间,仲裁庭收到双方材料 15 天内召开案件管理会议,并在案件管理会议召开后 6 个月内出具裁决书。②

ICC 另有《跟单票据争议专家解决规则》,以解决与贸易融资工具有关的争议纠纷。相关争议会提交至在国际贸易和金融财务方面具有丰富经验的专家组;整个过程通常为 2 ~ 3 个月;该规则依据争议标的确定当事人缴纳费用,同时设置了最高 1 万美元的封顶费用。③ 该规则为当事人国际贸易中产生的票据类等纠纷提供了专业高效和费用可控的争议解决方式。

ICC 受理案件中包含大量建筑施工类争议,其亦制订了《DB 规则》,合同双方可通过约定适用该条款。在实践中,大量建筑施工类合同包含 DB 条款,即规定双方纠纷首先提交争议解决处理委员会,如仍无法解决,双方再将争议提交国际仲裁机构或法院。如合同双方约定适用 ICC 的《DB 规则》,ICC 可为争议双方指定 DB 成员,受理对争议委员会成员的异议,审查 DB 的决定等。④

① 载 https://iccwbo.org/content/uploads/sites/3/2020/12/icc-2021-arbitration-rules-2014-mediation-rules-english-version.pdf,最后访问日期:2022 年 6 月 1 日。

② 载 https://iccwbo.org/dispute-resolution-services/arbitration/expedited-procedure-provisions/,最后访问日期:2022 年 6 月 1 日。

③ 载 https://iccwbo.org/dispute-resolution-services/docdex/,最后访问日期:2022 年 6 月 1 日。

④ 载 https://iccwbo.org/dispute-resolution-services/dispute-boards/,最后访问日期:2022 年 6 月 1 日。

如案件需要，当事人还可向 ICC 申请由专家对部分问题出具专业意见，ICC 不仅可指定或确认某专家，还会协调当事人与专家之间的沟通，对整个时间进度和专家费用进行把控，审阅专家报告草稿等。当然，双方当事人可明示约定排除 ICC 对专家报告草稿的审阅。[①]

（五）SCC

成立于 1917 年的 SCC 自 2017 ~ 2021 年共收案 905 起，每年收案数量在 150 ~ 200 起。[②] 905 起案件中 443 起具有涉外因素，占案件总量的 49%。[③] 除瑞典外，俄罗斯、德国、英国、芬兰、挪威是其案件的主要来源国。[④] SCC 涉案标的在 2018 年达 133 亿欧元，而 2021 年则仅为 8.4 亿欧元，2017 ~ 2020 年则为 1572 ~ 20 亿欧元。[⑤]

从案件种类来看，SCC 案件以服务类、商品交付及企业收购类案件为主，上述 3 类案件数量占近 5 年案件总量的 57%。[⑥] 2020 ~ 2021 年，公司及并购类案件占比有所增长，分别占当年收案总量的 10% 及 12%。[⑦]

---

① 载 https://iccwbo.org/dispute-resolution-services/experts/，最后访问日期：2022 年 6 月 1 日。

② 载 https://sccinstitute.com/statistics/，最后访问日期：2022 年 6 月 1 日。

③ 载 https://sccinstitute.com/statistics/，最后访问日期：2022 年 6 月 1 日。

④ 载 https://sccinstitute.com/statistics/statistics-2008-2020/，最后访问日期：2022 年 6 月 1 日。

⑤ 载 https://sccinstitute.com/statistics/statistics-2008-2020/，最后访问日期：2022 年 6 月 1 日。

⑥ 载 https://sccinstitute.com/statistics/statistics-2008-2020/，最后访问日期：2022 年 6 月 1 日。

⑦ 载 https://sccinstitute.com/statistics/statistics-2008-2020/，最后访问日期：2022 年 6 月 1 日。

在仲裁员选择方面,SCC 给予了争议双方更大的自由度,其并没有特定的仲裁员名单及数据库,当事人可自由选择适合人选成为案件仲裁员。[①] 当事人甚至可以选择由 1 名还是 3 名仲裁员来审理案件,只有在双方无法达成合意时,由仲裁院来决定仲裁员的数量及指定相应仲裁员。[②] 从总体数据看,仅有 35% 案件的仲裁员由仲裁院指定。[③] 但是,有 70% 的独任仲裁员及 50% ~60% 的首席仲裁员由仲裁院指定。[④] 2017 年 SCC《仲裁规则》将默认由 3 人构成仲裁庭的规定删除。[⑤] 相关数据显示,2017 ~2019 年,55% ~70% 的案件仍由 3 人组成的仲裁庭审理。[⑥] 2017 年 SCC《仲裁规则》对仲裁早期处置机制进行了尝试,对明显缺乏法律依据的仲裁请求早期驳回,在一定程度上减少了滥诉的发生并提高了仲裁的效率。[⑦]

SCC 受理的案件中采用快速仲裁程序案件占案件总量的 30% 左右,

---

① 载 https://sccinstitute.com/about-the-scc/appointment-of-arbitrators/,最后访问日期:2022 年 6 月 1 日。

② 载 https://sccinstitute.com/about-the-scc/appointment-of-arbitrators/,最后访问日期:2022 年 6 月 1 日。

③ 载 https://sccinstitute.com/about-the-scc/appointment-of-arbitrators/,最后访问日期:2022 年 6 月 1 日。

④ 载 https://sccinstitute.com/about-the-scc/appointment-of-arbitrators/,最后访问日期:2022 年 6 月 1 日。

⑤ 载 https://sccinstitute.com/media/1407444/arbitrationrules_eng_2020.pdf,最后访问日期:2022 年 6 月 1 日。

⑥ 载 https://sccinstitute.com/about-the-scc/appointment-of-arbitrators/,最后访问日期:2022 年 6 月 1 日。

⑦ 中国国际经济贸易仲裁委员会主编:《中国国际商事仲裁年度报告(2019—2020)》,法律出版社 2021 年版,第 26 ~27 页。

2017 年更有半数案件通过快速仲裁程序完成了审理工作。①

(六) JCAA

成立于1950 年的 JCAA 每年受理案件数量保持在 10 ~ 20 起。② 自 2000 年至今,JCAA 共收案 239 起。③ 2017 ~ 2021 年,JCAA 共收案 69 起,其中 59 起为涉外案件。④

2021 年 7 月,JCAA 更新其商事仲裁规则,较 2019 年《JCAA 商事仲裁规则》,本次公布的规则主要对快速仲裁程序作出修改。⑤ 将适用快速仲裁程序的争议标的从 45 万美元(JPY 50,000,000)扩大到 273 万美元(JPY 300,000,000)。⑥ 同时,JCAA 将快速仲裁程序审理期限进一步细分为两档。⑦ 当争议金额为 273 万美元(JPY 300,000,000)以下时,仲裁庭自组庭后 6 个月内出具裁决书,如争议金额在 45 万美元(JPY 50,000,000)以下,审理期限则为 3 个月。⑧

当然,双方当事人也可通过协商确定适用快速仲裁程序审理案件。与大多数快速仲裁程序类似,JCAA 的快速仲裁程序默认由独任仲裁员审理案

① 载 https://sccinstitute.com/statistics/statistics-2008-2020/,最后访问日期:2022 年 6 月 1 日。

② 载 https://www.jcaa.or.jp/en/arbitration/statistics.html,最后访问日期:2022 年 6 月 1 日。

③ 载 https://www.jcaa.or.jp/en/arbitration/statistics.html,最后访问日期:2022 年 6 月 1 日。

④ 载 https://www.jcaa.or.jp/en/arbitration/statistics.html,最后访问日期:2022 年 6 月 1 日。

⑤ 载 https://www.jcaa.or.jp/en/arbitration/rules.html,最后访问日期:2022 年 6 月 1 日。

⑥ 载 https://www.jcaa.or.jp/en/arbitration/whyjcaa.html,最后访问日期:2022 年 6 月 1 日。

⑦ 载 https://www.jcaa.or.jp/en/arbitration/whyjcaa.html,最后访问日期:2022 年 6 月 1 日。

⑧ 载 https://www.jcaa.or.jp/en/arbitration/whyjcaa.html,最后访问日期:2022 年 6 月 1 日。

件,审理方式以书面审理为主。[①] 从2012~2021年数据看,争议标的在273万美元以下的案件占案件总量的59%,争议标的在45万美元以下的案件占案件总量的39%。[②]

除《JCAA商事仲裁规则》,JCAA另有《交互仲裁规则》供当事人选择使用。该规则规定的审理方式更加接近大陆法系案件的审理方式,仲裁庭更加主动地参与庭审过程,以提高审理效率和可预测性。[③] 依据该规则,在正式庭审开始前,仲裁庭需向双方提供关于事实和法律争议焦点的简短总结,以便双方就此提出意见并在后续提交的书面意见中关注仲裁庭审理焦点,也使仲裁庭进一步了解争议双方对上述争议焦点的看法。[④] 与《JCAA商事仲裁规则》实行小时费率不同,该规则依据标的额确定仲裁费用。如双方选用该规则,在一般在情况下需要在组庭后7个半月内出具裁决书。[⑤]

(七)LCIA

成立于1892年的LCIA自2016~2020年共收案1740起,其中1442起为涉外案件,占案件总量的82.9%。[⑥] 在涉外案件中,以西欧国家为主,申请人或被申请人为亚洲国家的案件总数为196起,占5年案件总数的

① 载https://www.jcaa.or.jp/en/common/pdf/arbitration/Commercial_Arbitration_Rules2021_en.pdf?211223,最后访问日期:2022年6月1日。

② 载https://www.jcaa.or.jp/en/arbitration/whyjcaa.html,最后访问日期:2022年6月1日。

③ 载https://www.jcaa.or.jp/en/arbitration/rules.html,最后访问日期:2022年6月1日。

④ 载https://www.jcaa.or.jp/en/arbitration/rules.html,最后访问日期:2022年6月1日。

⑤ 载https://www.jcaa.or.jp/en/arbitration/rules.html,最后访问日期:2022年6月1日。

⑥ 载https://www.lcia.org/LCIA/reports.aspx,最后访问日期:2022年6月1日。

11.3%。[①]

从案件种类来看,银行金融类案件、大宗商品类案件和能源类案件一直为其近5年收案的主要类型,2019~2020年此3类案件占总案件比重分别为69%及68%。[②] 大宗商品类案件数量一直呈上升趋势,从2017年的11%,增长到2020年的22%;银行金融类案件数量在2017~2019年增幅明显,从24%升至32%,但2020年回落到20%;能源类案件数量相对稳定,仅有小幅波动。[③]

LCIA已建立其特有的仲裁员信息数据库,以便从中选择最适合的仲裁员,但LCIA亦可在该数据库外选择适合案件的仲裁员。该数据库对双方当事人并不开放,但双方当事人可协商一致后要求LCIA提供适合该案的仲裁员候选人名单以供双方选择,或双方协商指定任何适格的,与该案无利益冲突的其他人员为仲裁员。[④] 在实践中,大多数当事人仍依赖LCIA指定仲裁员。[⑤] 另外,LCIA仅对裁决草稿的笔误等方面进行提示而不实行核稿制。[⑥]

2020年10月1日,LCIA最新的仲裁规则生效。[⑦] 该规则在电子邮件沟通、在线庭审、虚拟听证会等方面作出规定,以更好地应对当代交流方式的变

---

① 载https://www.lcia.org/LCIA/reports.aspx,最后访问日期:2022年6月1日。
② 载https://www.lcia.org/LCIA/reports.aspx,最后访问日期:2022年6月1日。
③ 载https://www.lcia.org/LCIA/reports.aspx,最后访问日期:2022年6月1日。
④ 载https://lcia.org/Frequently_Asked_Questions.aspx#13,最后访问日期:2022年6月1日。
⑤ 载https://www.lcia.org/LCIA/reports.aspx,最后访问日期:2022年6月1日。
⑥ 载https://lcia.org/Frequently_Asked_Questions.aspx#27,最后访问日期:2022年6月1日。
⑦ 载https://www.lcia.org/Dispute_Resolution_Services/lcia-arbitration-rules-2020.aspx,最后访问日期:2022年6月1日。

更和新冠肺炎疫情带来的影响。[①] 该规则赋予了仲裁庭在缩短审理流程方面更多的自由,也明确了对于数据保护方面的考虑。[②] 同时,该规则允许当事人提出多个仲裁案件的合并审理和合并答辩的申请,LCIA 及仲裁庭可决定对上述申请同时进行审理。[③]

(八)AAA

AAA 自 1926 年成立以来处理了超 700 万起案件。[④] AAA 根据争议类型设有不同部门和规则,如商务部、建筑工程部、消费者部和纽约州保险部等。[⑤] AAA 同时设有国际争议解决中心(International Centre For Dispute Resolution,AAA-ICDR)在世界各地设有办公室,如纽约、休斯敦、洛杉矶、新加坡等,并在过去 5 年间处理了超过 5000 起案件。[⑥]

AAA 近两年大量采用远程方式处理案件,2021 年仅处理商务纠纷部就有 2200 起与案件相关的活动通过网络远程方式进行,包括混合听证会和 440 场调解会议。[⑦]

2021 年 3 月,AAA 更新了国际争议解决中心的规则。[⑧] 除非双方明

---

① 载 https://www. lcia. org/Dispute_Resolution_Services/lcia-arbitration-rules – 2020. aspx,最后访问日期:2022 年 6 月 1 日。

② 载 https://www. lcia. org/LCIA/reports. aspx,最后访问日期:2022 年 6 月 1 日。

③ 载 https://www. lcia. org/LCIA/reports. aspx,最后访问日期:2022 年 6 月 1 日。

④ 载 https://www. adr. org/,最后访问日期:2022 年 6 月 1 日。

⑤ 载 https://www. adr. org/,最后访问日期:2022 年 6 月 1 日。

⑥ 载 https://www. icdr. org/icdrreports,最后访问日期:2022 年 6 月 1 日。

⑦ 载 https://www. adr. org/sites/default/files/document_repository/AAA_2021_Annual_Report_and_Financial_Statements. pdf,最后访问日期:2022 年 6 月 1 日。

⑧ 载 https://www. adr. org/sites/default/files/ICDR_Rules_1. pdf,最后访问日期:2022 年 6 月 1 日。

示排除,该规则将调解作为争议双方同意的前置程序;该规则进一步提高了对仲裁员异议流程的透明度;明确了关于第三方资助、案件合并审理、信息安全和隐私保护方面的相关规定。[①]

(九)SAC

瑞士有百年仲裁的历史,其未加入欧盟及较中立的国际地位吸引了不少西欧国家当事人选择 SAC(原名"瑞士商会仲裁院,Swiss Chambers Arbitration Institution, SCAI")。[②] 从 2004～2020 年的总体数据看,SAC 共收案 1354 起,国际案件占 89%,瑞士本土案件仅占 11%。[③] 在选用该仲裁机构的国家中,涉及西欧国家的案件比例近 40%,而一方申请人或被申请人为亚洲或中东主体的仅占约 10%。[④] 快速仲裁程序的案件占 40%,普通程序案件占 57%。[⑤] 案件类型以货物买卖、公司/并购/合资企业、服务类为主,分别占 30%、17% 和 13%。[⑥]

近两年的数据也基本反映了上述 2004～2020 年的数据。SAC 2020 年及 2019 年新收案件数量分别为 83 起及 96 起,其中,非瑞士本土案件 66

① 载 https://www.adr.org/sites/default/files/document_repository/AAA_2021_Annual_Report_and_Financial_Statements.pdf,最后访问日期:2022 年 6 月 1 日。

② 载 https://www.swissarbitration.org/swiss-arbitration/advantages-of-swiss-arbitration/,最后访问日期:2022 年 6 月 1 日。

③ 载 https://www.swissarbitration.org/wp-content/uploads/2021/10/SCAI-Stat-2020_for-publication-on-website-and-other-presentations-1.pdf,最后访问日期:2022 年 6 月 1 日。

④ 载 https://www.swissarbitration.org/resources/,最后访问日期:2022 年 6 月 1 日。

⑤ 载 https://www.swissarbitration.org/wp-content/uploads/2021/10/SCAI-Stat-2020_for-publication-on-website-and-other-presentations-1.pdf,最后访问日期:2022 年 6 月 1 日。

⑥ 载 https://www.swissarbitration.org/wp-content/uploads/2021/10/SCAI-Stat-2020_for-publication-on-website-and-other-presentations-1.pdf,最后访问日期:2022 年 6 月 1 日。

起和83起,占当年总案件量的80%和86%。[①] 但2020年银行金融类案件占13%,超过服务类案件11%位列第三。[②]

2021年6月,SAC更新了其仲裁规则。[③] 该规则明确了信息安全和保护,案件或请求的合并审理等方面的规定;该规则接纳了电子方式传送文件和远程网络开庭在仲裁案件中的应用;该规则对仲裁员异议程序进一步细化。[④]

二、主要国际仲裁机构考察

近几年,主要国际仲裁机构如贸仲、港仲、AAA等收案数量稳步上升,贸仲、AAA、ICC每年收案超千起;除JCAA外,其他主要机构每年收案过百起。各机构涉案标的额亦增长明显,贸仲涉案标的额更再次突破人民币千亿元。贸易、公司相关案件是大多数机构的主要案件类型,ICC和相关国际仲裁中心每年亦有不少建筑工程类案件,贸仲和港仲的银行金融类案件近年来有明显增长;除贸仲和AAA外,其他机构涉外案件比例较高,SCC约有半数涉外案件,其他机构涉外案件比例基本占案件总量的70%~90%。

---

① 载https://www.swissarbitration.org/resources/,最后访问日期:2022年6月1日。

② See *Arbitration Statistics 2020*, SAC, Accessed June 1, 2022, https://www.swissarbitration.org/wp-content/uploads/2021/10/SCAI-Stat-2020_for-publication-on-website-and-other-presentations-1.pdf.

③ See *Swiss Rules 2021*, SAC, Accessed June 1, 2022, https://www.swissarbitration.org/centre/arbitration/arbitration-rules/.

④ See *Swiss Rules 2021*, SAC, Accessed June 1, 2022, https://www.swissarbitration.org/centre/arbitration/arbitration-rules/.

各国际常设仲裁机构均纷纷修订各自的仲裁规则，如 ICC、AAA、SAC、JCAA 在 2021 年更新规则，LCIA 在 2020 年更新其规则。各机构不断吸取其他仲裁机构的先进经验和制度，目前各国际仲裁机构的仲裁规则在紧急仲裁员制度、合并仲裁制度、多方当事人、速裁程序、第三方资助等基本制度和规则方面出现了融合趋势。各机构也在规则制定和实践中不断探索更加便捷的案件管理方式以应对新冠肺炎疫情带来的挑战，如允许通过电子邮件送达、网上立案、网上开庭等。各机构主要差别有如下几点：

第一，仲裁机构对仲裁庭审理的介入程度不同。ICC、SIAC、贸仲都对裁决书进行核稿，不仅进行形式上的校对，还包括对实体问题的提示；LCIA 和港仲则对案件审理介入较少。前者的优势在于，可以尽量保持同类裁决的一致性，以及避免实体问题的重大错误；后者的优势在于，最大限度地尊重仲裁庭的自主性和独立性、减少机构内部沟通的时间。

第二，案件管理特色不同。ICC、SIAC、SCC 会召开案件管理会议以协商适当的案件管理程序措施，包括制订程序时间表；贸仲提供仲裁调解相结合机制，AAA 有调解前置程序等；SCC 没有特定的仲裁员名单及数据库，当事人可自由选择适合人选成为仲裁员，同时其要求案件管理员人选也需要征求当事人意见；除《JCAA 商事仲裁规则》外，JCAA 另有《交互仲裁规则》供当事人选择适用，该规则规定的审理方式更加接近大陆法系案件的审理方式；普通法系背景的仲裁机构，如 LCIA 在案件审理程序、举证质证规则上有较复杂的规则，在一定程度上为中国企业参与案件审理增加了难度。

第三,仲裁庭在仲裁地、仲裁语言等方面的权限不同。以仲裁地为例,贸仲、LCIA、港仲、JCAA 均规定了在当事人没有约定的情形下,确定仲裁地的具体规则(如指明以伦敦、中国香港特别行政区、仲裁机构所在地为仲裁地),SCC 及 SAC 由仲裁机构决定,而其他机构则交由仲裁庭根据具体情况予以决定。在双方当事人没有约定仲裁语言的情况下,LCIA 和 AAA 优先适用仲裁协议使用的语言,而其他机构仲裁庭会直接依据案件情况决定。LCIA 在实体法律适用上类似其仲裁地规定,当事人双方无约定的情况下,仲裁庭优先适用仲裁地法律,而其他仲裁机构仲裁庭则会依据最密切联系原则、交易习惯等决定实体法的适用。

第四,审限和费用不同。相比其他机构,贸仲收费较低且审理期限较短,一般涉外案件需要在组庭后 6 个月内作出裁决,而 JCAA 为组庭后 9 个月,SAC、ICC 则规定在案件审理结束或证据关门后 6 个月内作出裁决,港仲为审理结束后 3 个月,SIAC 要求仲裁庭审理结束后 45 天内提交裁决书草稿。在收费方面,LCIA 的收费除案件登记费外,还包括案件管理人员和仲裁员的小时费用,其中,仲裁员小时费率封顶价为每小时 500 英镑;贸仲不单独收取仲裁员费用(贸仲香港仲裁中心除外);其他几个仲裁机构虽然收取仲裁员费用,但有固定收费模式,且根据仲裁员的不同设有最低收费、平均收费和最高收费标准;部分仲裁机构还针对速裁程序、简易程序、临时仲裁程序、适用 UNCITRAL 规则管理案件等情形设置了不同的收费标准。表 4 – 1、表 4 – 2 和图 4 – 1 为各国际仲裁机构的基本情况。

表 4－1　各国际仲裁机构基本情况

机构名称	建立年份	总部地点	仲裁规则	近年案件情况	特点	审限	仲裁语言	仲裁地	适用法律	仲裁庭
贸仲	1956	中国北京 中国主要城市设有分会，中国香港特别行政区设有仲裁中心，加拿大温哥华及奥地利维也纳设北美仲裁中心及欧洲仲裁中心	2015 年 1 月 1 日	(1)数量:2021 年收案数量突破 4000 起，争议金额连续 4 年超人民币千亿元； (2)种类:类型全面，货物买卖、机电设备、服务合同、股权转让等传统类型案件持续占较大比例，金融创新类案件、建筑工程案件、特许经营和文娱产业类案件增长明显； (3)国籍:以中国案件为主，涉外案件保持在收案数量 20%左右	(1)有明确的审限要求； (2)仲裁和调解相结合(第 47 条)； (3)实行核稿制度(第 57 条)	(1)普通程序：组庭后 6 个月内出裁决，国内仲裁案件 4 个月(第 48 条、第 71 条)； (2)简易程序(争议金额人民币 500 万元以下的可适用)：组庭后 3 个月内出裁决(第 62 条)	约定优先，无约定为中文或仲裁委依实际情况确定(第 81 条)	约定优先，未约定的为委员会或分会或仲裁中心所在地为仲裁地，或仲裁机构依据情况确定(第 7 条)	(1)有涉外因素案件可约定，未约定由仲裁庭决定案件实体法。应考虑合同规定，参考贸易惯例，并遵循公平合理原则(第 49 条)； (2)香港仲裁中心案件适用中国香港特别行政区法(第 74 条)	(1)当事人可约定独任或 3 人仲裁庭，未约定依据仲裁规则确定(第 25 条)； (2)独任：当事人共同指定。未指定，委员会主任指定(第 28 条)； (3)3 人：当事人各指定一名边裁，未指定，委员会主任指定。首席双方共同选定，即各推荐 1～5 名候选人，1 名相同则为首席，否则委员会主任指定(第 27 条)

续表

机构名称	建立年份	总部地点	仲裁规则	近年案件情况	特点	审限	仲裁语言	仲裁地	适用法律	仲裁庭
港仲	1985	中国香港特别行政区 中国上海、韩国首尔设有办公室	2018年11月1日	(1)数量：每年收案300起左右； (2)种类：国际贸易、海事、公司和建筑类争议案件数量较多，占总案件量的70%以上，近年来银行和金融服务类纠纷案件数量增长趋势明显，从2017年的6.2%增长到2020年13.5%； (3)国籍：国际案件比例常年大于当年收案数量的70%，以处理涉华案件见长，每年处理的案件中有超过100起案件的当事人一方或双方为中国内地主体	(1)机构不对仲裁庭过多干预； (2)当事人可选择按小时费率(上限为每小时6500港元)或以争议标的额大小支付仲裁员费用； (3)仲裁庭可采取临时保护措施和紧急救济(第23条)； (4)允许第三方资助，但必须披露第三方信息(第44条)	(1)裁决不得晚于仲裁庭宣布整个仲裁程序或任何阶段(如适用)审理终结之日后的3个月内作出(第31条)； (2)仲裁时长的中间值为12.43个月，平均值为14.63个月	约定优先，无约定仲裁庭依实际情况确定，未确定前当事人可使用英文或中文(第15条)	可约定仲裁地，未约定则为中国香港特别行政区，除非仲裁庭根据案情认为另一地更合适(第14条)	约定优先，除非另有说明，该约定理解为该司法辖区实体法，若未约定，仲裁庭应适用其认为适当的法律(第36条)	(1)当事人可约定独任或3人仲裁庭，未约定则由仲裁机构决定独任或3人(第6条)； (2)独任：共同提名，未提名则由仲裁机构指定(第7条)； (3)3人：双方各自指定一名边裁，由边裁共同提名首席，若未提名，则仲裁机构指定(第8条)

续表

机构名称	建立年份	总部地点	仲裁规则	近年案件情况	特点	审限	仲裁语言	仲裁地	适用法律	仲裁庭
SIAC	1991	新加坡 印度孟买和古吉拉特邦、美国纽约、中国上海设有办公室	2016 年 8 月 1 日	(1)数量:每年收案数量为 400 ~ 500 起,但涉案争议总额呈不断上升趋势; (2)种类:贸易类案件常年保持在案件总量的 20% 以上,是其受理最多的案件类型,其他如公司、商事类案件亦是主要类型; (3)国籍:多为涉外案件,2017 ~ 2021 年,SIAC 共收案 2882 起,涉外案件 2550 起,占案件总量的 88%,其中,美国、印度和中国是其国际案件的主要来源国	(1)组庭后应召开初期会议确定程序相关问题(第 19 条); (2)仲裁庭可发布临时救济措施命令(第 30 条); (3)实行核稿制(第 32 条)	(1)仲裁庭应在宣布审理程序终结之日起 45 日内向主簿提交裁决书草稿(第 32 条); (2)对争议金额为 600 万新元以下的案件,可在组庭前申请采用速裁程序,组庭后 6 个月内出裁决(第 5 条)	约定优先,未约定的由仲裁庭决定(第 22 条)	约定优先,未约定则仲裁庭决定(第 21 条)	约定优先,未约定由仲裁庭决定。决定相应考虑合同规定和贸易惯例(第 35 条)	(1)约定优先,未约定采用独任,或当事人向主簿建议采用 3 人仲裁庭,主簿综合考虑后决定是否采用 3 人仲裁庭(第 9 条); (2)独任:当事人提名,未达成一致则主簿指定(第 10 条); (3)3 人:双方各指定一名边裁,首席如双方未约定则主簿指定(第 11 条)

续表

机构名称	建立年份	总部地点	仲裁规则	近年案件情况	特点	审限	仲裁语言	仲裁地	适用法律	仲裁庭
ICC	1923	法国巴黎 中国香港特别行政区、美国纽约、巴西圣保罗、新加坡及阿联酋阿布扎比设办公室	2021年1月1日	(1)数量:每年处理案件近千起; (2)类型:以建筑工程和金融保险类为主,分别占ICC收案总量的25%及20%; (3)国籍:来自世界各国。来自北欧西欧和拉丁美洲的案件保持在30%和15%左右,来自东亚和南亚国家的案件在2019年达到19%,而其他年份多为13%~14%	(1)仲裁庭需要制作审理范围书,并经当事人签字。一经签字确认,当事人即不能超范围提出新请求(第23条); (2)仲裁庭须召开案件管理会议以协商适当的案件管理程序措施,并指定程序时间表(第24条); (3)仲裁庭可发布临时救济措施命令(第28条); (4)实行核稿制(第34条); (5)允许第三方资助,但需要披露第三方相关信息(第11条)	(1)仲裁员在审理范围书上最后一个签字日或当事人在审理范围书上最后一个签名之日起算,6个月出具裁决(第31条); (2)300万美元以下的争议案件适用速裁程序,但也可通过约定排除适用(第30条)	约定优先,未约定仲裁庭视情况决定(第20条)	约定优先,未约定则仲裁机构决定仲裁地(第18条)	约定优先,未约定则由仲裁庭决定适用何种实体法。仲裁庭会考虑合同规定以及贸易惯例(第21条)	(1)当事人可约定独任或3人仲裁庭,未约定则由仲裁机构决定独任或3人仲裁庭(第12条); (2)独任:共同提名,未提名则由仲裁机构指定(第12条); (3)3人:双方各自指定一名边裁,由边裁共同提名首席,若未提名,则仲裁院指定(第13条)

续表

机构名称	建立年份	总部地点	仲裁规则	近年案件情况	特点	审限	仲裁语言	仲裁地	适用法律	仲裁庭
SCC	1917	瑞典斯德哥尔摩	2017 年 1 月 1 日	(1)数量:每年收案数量为 150 ~ 200 起。2017 ~ 2021 年收案 905 起,涉案标的在 2018 年达 133 亿欧元,而 2021 年则仅为 8.4 亿欧元,2017 年、2019 年及 2020 年则为 15 亿 ~ 20 亿欧元; (2)类型:以服务类、商品交付及企业收购类案件为主,上述 3 类案件数量占近 5 年案件总量的 57%;2020 年及 2021 年,公司及并购类案件占比有所增长,分别占当年收案总量的 10%及 12%; (3)国籍:近 5 年涉外案件占案件总量的 49%。除瑞典外,俄罗斯、德国、英国、芬兰、挪威是其案件主要来源国	(1)案件管理员由仲裁庭提名并征询当事方意见。当事方可以要求更换案件管理员(第 24 条); (2)仲裁庭须召开案件管理会议以协商适当的案件管理程序措施,并制订程序时间表(第 28 条); (3)仲裁庭可以发布临时救济措施命令(第 37 条); (4)没有特定的仲裁员名单及数据库,当事人可自由选择适合人选成为案件仲裁员	(1)在已组庭,缴费完成,秘书已将案件移交仲裁庭之日起 6 个月内作出裁决(第 43 条); (2)2017 年,44%的案件仲裁时长在 6 ~ 12 个月之间,28%的案件仲裁时长在 6 个月以下	约定优先,无约定则仲裁庭决定仲裁语言(第 26 条)	约定优先,无约定则仲裁机构理事会决定仲裁地(第 25 条)	实体法律以当事人的约定为准,当事人未约定的,仲裁庭决定适用法律(第 27 条)	(1)当事人可以约定仲裁员人数。没有约定的由仲裁机构根据情况决定仲裁庭由 1 名或 3 名仲裁员组成(第 16 条); (2)独任:当事人共同指定,无法达成一致的由机构指定(第 17 条); (3)多人仲裁庭:每方指定相同的人数,机构指定首席仲裁员(第 17 条)

续表

机构名称	建立年份	总部地点	仲裁规则	近年案件情况	特点	审限	仲裁语言	仲裁地	适用法律	仲裁庭
LCIA	1892	英国伦敦 印度、毛里求斯设有办公室	2020年10月1日	(1)数量:自2016~2020年共收案1740起,每年收案数量在300~400起; (2)类型:银行金融类案件、大宗商品类案件和能源类案件一直为其近5年收案主要类型,2019年及2020年此3类案件占总案件比重分别为69%及68%; (3)国籍:涉外案件占比较大,近5年涉外案件占案件总量的82.9%;在涉外案件中,以西欧国家为主	(1)不实行核稿制,仅是审阅更正其中的笔误及其他类似错误; (2)可采取临时救济措施(第25条); (3)计时收费	平均时长为16个月	约定优先,无约定则为仲裁协议使用的语言(或优先语言)(第17条)	组庭前当事人双方可约定;组庭后需要取得仲裁庭的事先书面同意;如未能达成一致,仲裁地是伦敦,但仲裁庭可以认定其他更合适的地方作为仲裁地(第16条)	约定优先,否则适用仲裁地法律(第16条)	(1)当事人双方可约定采用独任或3人仲裁庭,独任双方可共同选择,3人仲裁庭则双方各选择1名边裁,第3名仲裁员由仲裁院指定或双方当事人同意情况下由2位已选定仲裁员共同选择,但均需得到仲裁机构确认; (2)未约定则由仲裁机构指定

续表

机构名称	建立年份	总部地点	仲裁规则	近年案件情况	特点	审限	仲裁语言	仲裁地	适用法律	仲裁庭
JCAA	1950	日本东京 日本横滨、大阪、名古屋、神户设办公室	商事仲裁规则 2021 年 7 月 1 日	(1)数量:每年受理案件数量保持为 10 ~ 20 起。自 2000 年至今,JCAA 共收案 239 起; (2)类型:未公布; (3)国籍:以涉外案件为主,2017 ~ 2021 年,JCAA 共收案 69 起,其中 59 起为涉外案	(1)JCAA 另有交互仲裁规则供当事人选择使用。该规则规定的审理方式更加接近大陆法系案件的审理方式,该规则依据标的额确定仲裁费用; (2)快速仲裁程序审理期限细分为两档,45 万美元和 273 万美元,适用不同的审限(第 84 条); (3)可采取紧急保护措施(第 75 条、第 76 条); (4)小时费率,但依据仲裁请求设有上限金额(第 93 条、第 94 条); (5)仲裁庭在听取当事人意见后,可选任鉴定人(第 55 条)	(1)如适用交互仲裁规则,组庭后 7 个半月内出裁; (2)如适用商事仲裁规则,组庭后 9 个月内出裁(第 43 条); (3)如适用商事仲裁规则且当争议金额为 273 万美元(JPY 300,000,000)以下时,适用速裁程序,自组庭后 6 个月内出裁,如争议金额在 45 万美元(JPY 50,000,000)以下,审理期限则为 3 个月; (4)适用商事仲裁规则,平均审理时长为 12.5 个月	约定优先,未约定则仲裁庭决定(第 11 条)	约定优先,未约定则为仲裁机构办公室所在地(第 39 条)	约定优先,未约定由仲裁庭决定,会考虑与案件的最密切联系国(第 65 条)	(1)当事人可约定采用独任或 3 人仲裁庭,未约定默认为独任仲裁庭,但任一方或仲裁机构认为应采用 3 人仲裁庭的除外(第 26 条); (2)独任:当事人可约定人选,如未达成一致由仲裁机构指定(第 27 条); (3)3 人:各方当事人可分别指定一名边裁,首席由双方当事人协商确定,或当事人明确表示由已选定的边裁选定首席,如未在规定时间内达成一致,则由仲裁机构指定(第 29 条)

表 4-2 各国际仲裁机构费用争议金额

单位:美元

仲裁机构		争议金额			
		100,000	1,000,000	10,000,000	100,000,000
贸仲		5495	27,692	106,903	538,201
港仲		10,508	50,840	123,185	262,982
SIAC	含平均仲裁员费及其他费用	12,953	51,290	119,257	256,967
	含最高仲裁费用及其他费用	16,781	67,897	159,500	342,132
ICC-ICA	含平均仲裁员费用	15,825	62,714	170,799	315,559
	含最高仲裁员费用	21,559	87,465	244,915	452,275
SCC	含中位数仲裁员费及其他费用,不含税	20,967	61,471	157,902	287,683
	含最高仲裁员费及其他费用,不含税	26,583	76,083	203,050	375,048
JCAA		18,374	43,724	126,871	305,190
SAC	含平均仲裁员费用	14,381	56,309	156,586	288,186
	含最高仲裁员费用	20,119	81,737	227,506	400,724

注:表中汇率 1 美元 = 人民币 6.71 元、7.85 港元、0.98 欧元、136 日元。

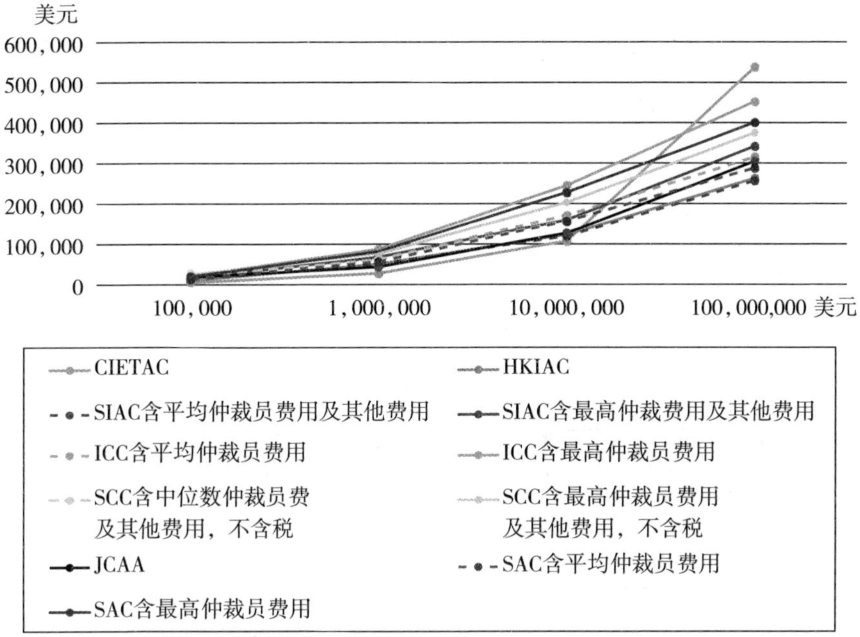

图 4－1 各国际仲裁机构费用

三、主要国际仲裁机构近年涉中国内地案件数据

（一）概览

除贸仲每年处理大量涉中国内地案件外，港仲、SIAC、ICC 亦受理不少涉中国内地案件。SIAC、ICC 及 SCC 公布了近几年涉中国内地案件数据。SIAC 与 ICC 受理涉中国内地案件数量大多数年份在 70～100 起，而 SCC 每年受理涉中国内地案件不超过 10 起。由于 ICC 每年收案数量近千起，而 SIAC 为 400～500 起，涉中国内地案件在 SIAC 案件中所占比例更高。

地处亚洲的港仲和JCAA虽未公布每年处理的具体涉中国内地案件数目，但涉中国内地案件为其案件重要组成部分。部分国际仲裁机构近年涉及中国内地案件数目趋势如图4－2所示。

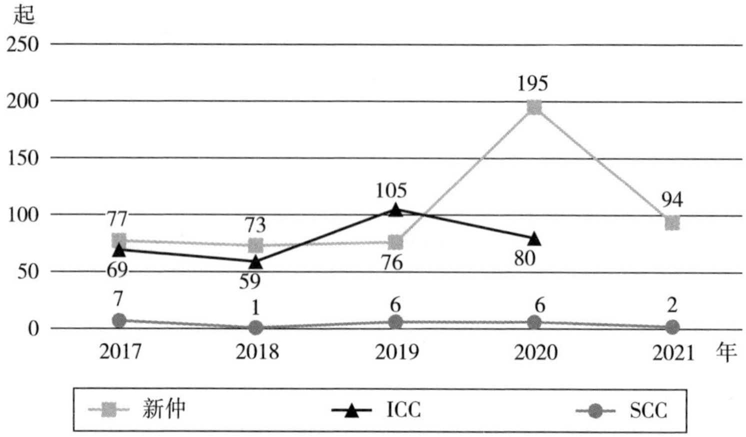

图4－2　主要国际仲裁机构涉及中国内地案件趋势

(二)贸仲

贸仲持续发挥其善于处理本土案件的优势，近5年申请人与被申请人均为中国主体的案件数量达13,289起，占5年内案件总量的82%，涉外案件的比例常年保持在20%左右。① 图4－3、表4－3为贸仲案件基本情况。

① 参见《统计数据》，载中国国际经济贸易仲裁委员会网站，http://www.cietac.org/index.php?m=Page&a=index&id=24，最后访问日期：2022年6月1日。

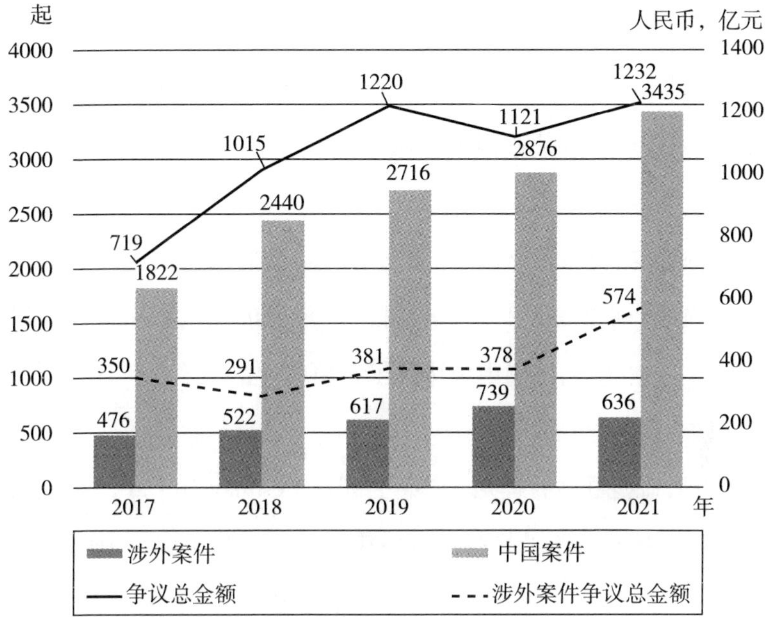

图 4－3 贸仲涉外案件与国内案件数量对比

表 4－3 贸仲涉外案件与国内案件数量明细

年份	新收案件/起	涉外案件/起	涉外案件占比/%	中国案件/起	中国案件占总案件比例/%	双方均为境外当事人案件/起	争议总金额（人民币，亿元）	涉外案件争议总金额（人民币，亿元）	双方均为境外当事人案件争议金额（人民币，亿元）
2017	2298	476	21	1822	79	—	719	350	—
2018	2962	522	18	2440	82	36	1015	291	—
2019	3333	617	19	2716	81	66	1220	381	—
2020	3615	739	20	2876	80	67	1121	378	37
2021	4071	636	16	3435	84	61	1232	574	37
合计	16, 279	2990	18	13, 289	82	230	5307	1974	74

注：“—”为未公布。

（三）港仲

港仲每年处理的案件中有超过100起案件的当事人一方或双方为中国内地主体，在使用港仲的国家或地区中位列第二，仅次于中国香港特别行政区。

中国内地与香港特别行政区司法系统间良好的协助合作成为港仲处理涉中国内地纠纷的独特优势。港仲仲裁裁决的执行在中国内地保持良好的纪录。过去7年，中国内地法院仅以超裁为由拒绝执行过一项该机构的仲裁裁决：[①]

在“英属盖曼群岛商智龙二基金公司（IP Cathay II，L. P.）与周某庭等人申请认可和执行香港特别行政区仲裁裁决案”[（2016）京04认港2号]中，2018年4月16日北京市第四中级人民法院（以下简称北京四中院）裁定不予认可和执行港仲于2015年8月24日作出的HKIAC/A13027号仲裁裁决（除仲裁费用外的终局裁决），该案为北京四中院首例对港仲裁决不予认可与执行的案例。北京四中院认为，涉案仲裁裁决共有21个被申请人，申请人智基公司在提起仲裁时，仅请求中国职业教育有限责任公司、5个“创始人”（周某庭、周某奎、郑某红、陈某合、李某彪）和瑞明公司（BVII）7个主体承担赎回、回购义务，但仲裁裁决第1项、第2项却裁决所有仲裁被申请人承担回购义务，超出了智基公司提出的仲裁请求，存在符合《安排》第7条第1款第3项规定的“裁决载有关于交付仲裁范围以外事

① 参见《为什么选择中国香港国际仲裁中心（HKIAC）?》，载中国香港国际仲裁中心网站，https://www.hkiac.org/zh-hans/arbitration/why-choose-hkiac，最后访问日期：2022年6月1日。

项的决定"之情形,且涉案仲裁裁决系将所有 21 名被申请人作为一个整体作出裁决,裁决事项不可分,所以对整个仲裁裁决裁定不予认可和执行。[1]

另外,《安排》发布施行后,港仲处理的《安排》项下的保全申请也从 2019 年 13 起、2020 年 22 起,增加到 2021 年的 25 起。涉及的保全内容包括证据保全、财产保全和行为保全,而保全申请多由非中国内地主体对涉及内地当事人的财产或证据提出。[2] 表 4-4 为港仲受案基本情况。

表 4-4 港仲受案基本情况

年份	新收案件/起	一方当事人为非中国香港特别行政区主体的案件比例/%	双方为中国香港特别行政区主体的案件占总案比例/%	双方为中国香港特别行政区当事人案件/起	一方当事人为中国香港特别行政区主体的案件/起	一方当事人为中国内地主体的案件/起	中国内地在选用港仲国家/地区中排名
2017	297	73.1	16.9	50	>100	>100	2
2018	265	71.7	18.3	48	>100	>100	2
2019	308	80.9	19.1	59	>100	>100	2
2020	318	72.3	17.7	56	>100	>100	2
2021	277	81.6	18.4	51	>100	>100	2
合计	1465	—	—	264	>500	>500	—

(四) SIAC

近年来,SIAC 处理了大量涉及中国(不含我国港澳台地区)当事人的

① 载 https://wenshu.court.gov.cn/website/wenshu/181107ANFZ0BXSK4/index.html? docId=3435d09915f549d1a5caa8ca001066f8,最后访问日期:2022 年 6 月 1 日。

② 参见《统计数据》,载中国香港国际仲裁中心网站,https://www.hkiac.org/zh-hans/about-us/statistics,最后访问日期:2022 年 6 月 1 日。

案件,中国(不含我国港澳台地区)当事人稳居其外国用户数量的前两位,并在2012年及2014年位列第一。SIAC涉及中国(不含我国港澳台地区)当事人的案件数量是十年前的4倍以上。在过去5年,申请人或被申请人为中国(不含我国港澳台地区)主体的案件总数为515起,在使用该机构的国家中排名第三,第一、第二分别为印度和美国。[①] 2016年3月,SIAC在中国(上海)自由贸易试验区设立代表处,以便其向中国用户提供更好的国际仲裁服务,从侧面反映了涉中国(不含我国港澳台地区)案件数量占比之重及其不断增长的趋势。[②] 表4-5为SIAC受案基本情况。

表4-5　SIAC受案基本情况

年份	新收案件/起	涉外案件/起	涉外案件占总案比例/%	涉及中国(不含我国港澳台地区)案件/起	涉及中国(不含我国港澳台地区)案件占总案件比例/%	涉及中国(不含我国港澳台地区)案件占涉外案件比例/%	在选用SIAC国家/地区中排名(不含新加坡)
2017	452	374	83	77	18	22	2
2018	402	337	84	73	18	22	4
2019	479	416	87	76	16	18	3
2020	1080	1018	94	195	18	19	3
2021	469	405	86	94	20	23	2
合计	2882	2550	—	515	—	—	—

① 载https://siac.org.sg/wp-content/uploads/2022/06/SIAC_Annual_Report_2013-1.pdf,最后访问日期:2022年6月1日。

② 载https://siac.org.sg/about-us/siac-china,最后访问日期:2022年6月1日。

（五）ICC

ICC 的案件来自世界各国，每年处理案件数量近千起。2018 年，ICC 设立“一带一路”委员会，以便为涉及“一带一路”的各种基础设施建设项目提供更好的争议解决渠道。[①] 从近 5 年数据看，除 2018 年外，来自中国的案件数量在各国案件数量的排名中均位于前 10，2019 年更达到 105 起，名列第五。[②] 表 4－6 为 ICC 受案基本情况。

表 4－6　ICC 受案基本情况

年份	新收案件/起	涉及中国案件/起	涉及中国案件占总案比例/%	中国在使用 SCC 的国家/地区中排名
2017	822	69	3.0	7
2018	857	59	2.6	11
2019	869	105	4.2	5
2020	946	80	3.2	8
2021	853	—	—	8
合计	4347	—	—	未进入前 5

（六）SCC

近 5 年，申请人或被申请人为中国主体的案件有 22 起，约占案件总量

① 载 https://library.iccwbo.org/content/dr/pdfs/2018statistics_iccdisputeresolution_898.pdf，最后访问日期：2022 年 6 月 1 日。

② See *Belt and Road Dispute Resolution*, ICC, Accessed June 1, 2022, https://iccwbo.org/dispute-resolution-services/belt-road-dispute-resolution/.

的2%，占涉外案件总量的5%。[①] 表4－7为SCC受案基本情况。

表4－7　SCC受案基本情况

年份	新收案件/起	涉外案件/起	涉外案件占比/%	涉及中国案件/起	涉及中国案件占总案件比例/%	涉及中国案件占涉外案件比例/%	在使用SCC的外国或地区中的排名
2017	200	96	48	7	4	7	5
2018	152	76	50	1	1	1	27
2019	175	88	50	6	3	7	7
2020	213	105	49	6	3	6	13
2021	165	78	47	2	1	3	21
合计	905	443	—	22	—	—	—

（七）JCAA

JCAA可采用中、英、日多种语言处理案件，地处亚洲等因素也促使中国当事人在与日本相关的商务往来中选择该机构作为争议解决机构。2017～2021年，JCAA共收案69起，其中，59起为涉外案件，涉及中国的案件高达22起，占案件总量的32%，位列第一。[②] 表4－8、图4－4为JCAA受案基本情况。

① See *SCC Statistics 2021*, SCC, Accessed June 1, 2022, https://sccinstitute.com/statistics/.

② See *Statistics*, JCAA, Accessed June 1, 2022, https://www.jcaa.or.jp/en/arbitration/statistics.html.

表 4-8 JCAA 受案基本情况

年份	收案数量/起
2017	14
2018	13
2019	9
2020	18
2021	15
合计	69

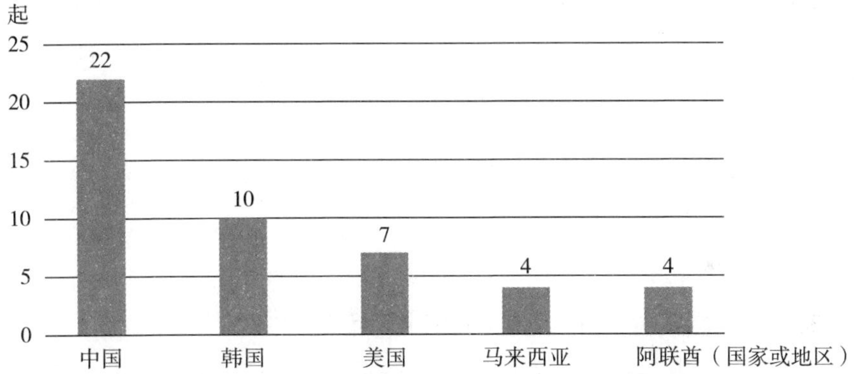

图 4-4 2017~2021 年 JCAA 非日本当事人案件受案情况

(八) LCIA

从该仲裁院的数据看,选用该机构作为争议解决机构的亚洲主体较少,涉及中国的案件在绝大多数近年报告中并未单独列出,仅在 2017 年报告中显示涉及中国的案件为4起,占总案件数量1.3%。[①] 表4-9为LCIA涉及中国(不含我国港澳台地区)案件受案情况。

表4-9 LCIA受案基本情况

年份	新收案件/起	涉外案件/起	涉外案件占比/%	亚洲案件/起	涉及亚洲案件占总案件比例/%	其他亚洲案件/起	其他亚洲案件占总案件比例/%	中国(不含我国港澳台地区)案件/起
2016	303	254	83.8	45	14.8	无记录	无记录	无记录
2017	285	233	81.7	25	8.8	14	5.0	4
2018	317	252	79.4	46	14.4	9	2.8	无记录
2019	395	322	81.4	40	10.0	20	5.1	无记录
2020	440	381	86.6	40	9.2	18	4.2	无记录
合计	1740	1442	—	196	—	—	—	—

注:“—”为不适用。

四、中国对境外仲裁机构的准入政策

2015年4月,国务院《进一步深化中国(上海)自由贸易试验区改革开放方案》提出,支持国际知名商事争议解决机构入驻上海自贸试验区,加快打造面向全球的亚太仲裁中心。2019年7月,国务院《中国(上海)自由贸易试验区临港新片区总体方案》进一步提出,允许境外知名仲裁及争议解决机构在临港新片区内设立业务机构,开展涉外仲裁业务。据此,上海市

① See *Reports*, LCIA, Accessed June 1, 2022, https://www.lcia.org/LCIA/reports.aspx.

司法局制定了《境外仲裁机构在中国(上海)自由贸易试验区临港新片区设立业务机构管理办法》。目前,WIPO 已经在上海成立了仲裁和调解上海中心,港仲、SIAC、ICC、KCAB 在上海设立了代表处,加上此前设立的 CAS 上海听证中心,在上海的境外仲裁机构业务机构和办事机构已经达到 6 家。

随着自由贸易试验区建设和"一带一路"工作的深入推进,我国对国际商事仲裁机构进入中国市场的放开力度正逐步加大:

2018 年 8 月 1 日,最高人民法院发布《关于为海南全面深化改革开放提供司法服务和保障的意见》(法发〔2018〕16 号),明确规定,支持建立国际商事仲裁机构,充分尊重当事人选择纠纷解决方式的意愿。自由贸易试验区或自由贸易港民商事案件的主体之间约定将争议提交域外仲裁解决的,不宜以无涉外因素为由认定无效。当事人向人民法院申请执行的,人民法院依照 2021 年《民事诉讼法》第 283 条的规定处理。

2019 年 12 月 9 日,最高人民法院发布《关于人民法院进一步为"一带一路"建设提供司法服务和保障的意见》(法发〔2019〕29 号),提出拓展国际商事法庭"一站式"纠纷解决平台的国际商事仲裁机构、国际商事调解机构名单,适当引入域外国际商事仲裁机构、国际商事调解机构,使更多国际商事纠纷在中国获得高效解决。进一步支持中国香港特别行政区区域法律服务和纠纷解决中心的建设,支持港仲等仲裁机构与中国内地仲裁机构的合作,在国际商事法庭"一站式"纠纷解决平台建设中适当引入香港特别行政区仲裁机构,增加香港特别行政区专家委员,不断发挥香港特别行政区在共建“一带一路”中的重要作用。支持国内仲裁机构与“一带一路”建设参与国仲裁机构建立联合仲裁机制,探索自由贸易试验区内注册的企业相互约定在我国特定地点、按照特定仲裁规则、由特定人员对有关争议进行仲裁的模式,支持境外仲裁机构在上海临港新片区设立的分支机构开展仲裁业务。

2021~2022年,最高人民法院先后针对海南自由贸易港、前海合作区、浦东新区、中国(北京)自由贸易试验区发布了多份意见,支持境外国际仲裁机构在海南自由贸易港、浦东新区、中国(北京)自由贸易试验区设立业务机构开展相关仲裁业务。支持在海南自由贸易港、中国(北京)自由贸易试验区区域内注册的企业之间约定在特定地点、按照特定仲裁规则、由特定人员对相关争议进行仲裁。依法支持和保障中外当事人在仲裁前和仲裁中的财产保全、证据保全、行为保全等临时措施的申请和执行。加强与国际商事调解机构、仲裁机构的协作,健全诉讼与调解、仲裁有机衔接的“一站式”国际商事纠纷多元化解决机制。

整体而言,我国已逐步开放外国仲裁机构在中国开展相关仲裁业务。对此,有专家在《仲裁法》的修订中建议,外国仲裁机构的仲裁活动应当予以与国内仲裁机构同等的司法监督,不能享受超国民待遇,以保护国内仲裁机构与国际仲裁机构能够在平等的平台之上开展业务和竞争。

第五章 【立法观察】《仲裁法》修订和国际仲裁热点

一、国内仲裁法修订

我国《仲裁法》于1994年颁布并于1995年生效,后于2009年、2017年对个别条款进行了修正。与此同时,党的十八届四中全会在2014年提出了"完善仲裁制度,提高仲裁公信力"的改革任务。2018年12月,中共中央办公厅、国务院办公厅印发《关于完善仲裁制度提高仲裁公信力的若干意见》,要求研究修改仲裁法。为贯彻落实党中央、国务院决策部署,实施十三届全国人大常委会立法规划和国务院2021年度立法工作计划,司法部启动仲裁法修订工作,并于2021年7月30日,将《仲裁法(修订)(征求意见稿)》面向社会公开征求意见。

司法部对此次《仲裁法》修订的说明中提及,随着社会主义市场经济深入发展和改革的深化,以及对外开放的进一步扩大,《仲裁法》暴露出与形势发展和仲裁实践需要不适应的问题。主要体现在:一是法律规定可以仲裁的范围较窄,很多伴随新经济新业态涌现的新类型纠纷,以及国际上发展较成熟的国际投资、体育领域的纠纷无法纳入仲裁范围,影响仲裁作用的发挥。二是对仲裁机构的性质定位及其治理结构规定不明确,不利于仲裁机构和整个行业的改革发展。三是仲裁法实施26年来的大量仲裁实践经验和成熟可行的司法解释规范,需要及时总结上升为法律规范。四是司法支持与监督仲裁制度需要进一步完善。对国内及涉外仲裁裁决司法审查标准不统一、申请撤销仲裁裁决和不予执行仲裁裁决两种司法监督方式存在不协调的问题需要理顺。五是我国现行仲裁法在一些制度规则设计上与发展中的国际仲裁衔接不够,影响我国仲裁的国际竞争力和我国仲裁法的域外适用。这些问题制约了我国仲裁的高质量发展和仲裁在提升国家治理与社会治理能力方面作用的发挥,亟须修改完善。

该征求意见稿共有99条,比现行法增加了19条,删除仲裁适用范围规定中“平等主体”的限制性表述,建立仲裁机构统一登记制度(取消国内、涉外仲裁机构设立的双轨制规定),明确仲裁机构是公益性非营利法人的法律性质以及仲裁委员会是仲裁机构的主要组织形式,增加仲裁机构建立法人治理结构和建立信息公开机制的规定,明确仲裁员名册为“推荐”名册,完善仲裁员披露和回避制度,删除仲裁条款需要约定明确的仲裁机构的硬性要求,规定“仲裁地”标准,明确仲裁庭对仲裁协议效力及其管辖权问题的自主审查权,增加临时措施,增加行为保全和紧急仲裁员制度,增加互联网仲裁相关规定,增加“仲裁确认”条款,增加中间裁决的规定,完善撤销裁决及重新仲裁制度,完善裁决执行制度(包括增加承认和执行外国仲裁裁决的条款),完善涉外仲裁规定,增加临时仲裁制度(限定在“涉外商事纠纷”),等等。

在《仲裁法》的修订研讨中,以下问题受到广泛关注。[①]

第一,关于仲裁机构的性质。目前,全国半数以上的仲裁机构实行事业单位体制,人事、财务、薪酬等参照事业单位。有专家认为,需要在《仲裁法》修订过程中进一步明确仲裁机构作为非营利法人的具体类型和形式,并建立与仲裁机构对应且完备的治理结构,从而解决机构性质落地问题。全国政协社会和法制委员会副主任徐立全表示:“仲裁机构去行政化,有助于体现仲裁裁决的公正性。”

第二,关于仲裁范围。“新经济新业态下的新类型纠纷,以及国际上发展较为成熟的国际投资、体育领域的纠纷,无法纳入仲裁范围,影响了仲裁解纷效能的发挥。”全国政协委员、上海市政府参事室主任姜平表示,如果因为立法的原因而使当事人无法将纠纷提交仲裁,不仅会使客观现实秩序需求无法得到满足,而且仲裁制度的优势也难以发挥。因此,为了仲裁制度的长远发展,应当既允许包括证券期货、知识产权以及数据交易、碳交易等新类型纠纷的可仲裁,也要支持国际投资、体育领域的纠纷进行仲裁,为相关行业仲裁的发展提供支持。但也有委员建议,《仲裁法》调整范围应当以传统商事纠纷为主,对于其他新型纠纷应当在作类型化研究的基础上,审慎把握。

第三,关于仲裁员的独立性和公正性。“仲裁员的整体素质往往象征

① 除特别注明外,以下内容参见孙金诚:《让“中国仲裁”成为一张亮丽名片——全国政协“仲裁法的修订”专题调研综述》,载中国网 2022 年 5 月 31 日,https://baijiahao.baidu.com/s?id=1734305582984607172&wfr=spider&for=pc。

着该机构的仲裁水平。"全国政协委员、民革广东省委会副主委熊水龙表示,仲裁员的中立性、公正性及业务能力对合理公正解决争议有着决定性影响。因此,改进我国仲裁员独立性和公正性的保障规则是非常必要的。全国政协委员、中国社会科学院科研局副局长王子豪表示,应完善仲裁员披露和回避制度,增加仲裁员披露义务,并把披露和回避制度相衔接,进一步规范仲裁员行为。

第四,关于仲裁地。全国政协委员、时任北京 2022 年冬奥会和冬残奥会组织委员会体育部副部长王艳霞表示,"引入仲裁地概念的意义不仅在于弥补现有立法不足,而且可以有效缓解我国法院在仲裁司法审查案件中遇到的适用仲裁机构所在地标准与仲裁地标准的两难困境"。"我国在判定一项仲裁裁决国籍时,采用的是仲裁机构所在地这一准则,不仅与国际公认的标准不相符合,也在实践中导致出现众多混乱与矛盾。"全国政协委员、西南政法大学经济法学院教授王煜宇表示。

第五,关于临时仲裁。与国际通常做法不同的是,我国现行《仲裁法》则是以机构仲裁为仲裁主体形式。尽管如此,近年来通过在自由贸易试验区的探索,我国临时仲裁的制度发展已有显著突破,包括创设"三特仲裁",即支持在自由贸易试验区内注册的企业之间约定在特定地点、按照特定仲裁规则、由特定人员对相关争议进行仲裁,2017 年我国首部临时仲裁规则《横琴自由贸易试验区临时仲裁规则》出台。

"临时仲裁在开放性和灵活性方面较机构仲裁更为突出。"全国政协委员、中国政法大学教授曹义孙表示,允许当事人选择临时仲裁,将使国内外当事人在解决争端时有更多自主权和选择余地,促进仲裁制度更好地与国际接轨,推动我国成为国际纠纷仲裁解决优选之地。他建议,深入研究临时仲裁的制度,制定临时仲裁规则,允许北京等地开展先行先试;同时,相关配套程序、司法解释也应当尽快起草,同步出台。

也有意见认为,基于目前我国当事人对仲裁的了解程度、仲裁参与者的普遍水平以及仲裁承担的部分社会治理和民事调解职能,对临时仲裁应当有限度地放开,将其定位于机构仲裁的补充。明确临时仲裁仅适用于自由贸易试验区范围内的涉外仲裁。同时,规定临时仲裁的仲裁协议应当具备约定在我国特定地点、按照特定仲裁规则、由特定人员对有关争议进行仲裁的三要素,而非仅有当事人选择仲裁的意思表示即可。应参照国际立法惯例,鼓励仲裁机构在临时仲裁中发挥作用,规定仲裁机构可以协助临时仲裁的当事人和仲裁庭对仲裁程序进行管理。

第六,关于仲裁规则。仲裁规则是商事纠纷解决的程序规则。全国政协社法委驻会副主任吕忠梅表示,我国仲裁规则的每一次修改,都要密切关注国际社会仲裁实践的最新动态,了解国际社会仲裁规则的最新发展,最大限度地接近国际通行实践。仲裁规则的国际化并不意味仲裁规则的一致性,所以各仲裁机构非常重视仲裁规则的修订,以期提高自身的竞争力。"仲裁规则的本土化并不抹杀仲裁规则的国际化,仲裁规则的本土化并不否定仲裁规则的国际化,国际化是趋势,本土化是在国际化前提下的变通。"

第七,关于司法审查。全国政协委员,民革江苏省委会副主委,江苏省高级人民法院副院长、审判委员会委员李玉生提出,目前该征求意见稿对仲裁与司法的关系处理,仍存在不足:一是对仲裁协议效力的重复审查;二是未明确法院对仲裁庭临时措施的审查权;三是统一了撤销国内和涉外仲裁裁决审查标准。全国政协委员,司法部原副部长、党组成员刘振宇提出,保密性是仲裁的原则,也是仲裁的优势。法院对仲裁裁决的审查,也应当体现对仲裁特点和规律的尊重。建议在《仲裁法》中明确划定司法审查过程中信息保密与公开的界限。①

二、国际仲裁热点

(一)纠纷热点

根据境外分析文章,未来几年,以下领域的国际仲裁纠纷可能大幅增加。②

第一,新冠肺炎疫情供应链和中长期交易中断纠纷。新冠肺炎疫情导致全球供应链发生大规模中断,特别是原材料、建筑和工程项目领域的供应链短缺和纠纷在未来将会逐步凸显。与此同时,在涉及跨境并购、房地产、租赁等中长期交易领域,影响也十分明显。而国际仲裁为跨国公司提供了此类纠纷的适当解决机制。许多国际仲裁机构报告的新案件数量在

---

① 《全国政协"仲裁法的修订"双周协商座谈会发言摘登》,载政协头条 2022 年 6 月 2 日,http://www.icppcc.cn/newsDetail_1092041。

② See Miguel Pereira da Silva, Carlos Vidal Riudor & Santiago Rojas, *International | International Arbitration: Top Trends to Watch in 2022*, Accessed Apr. 1, 2022, https://www.cuatrecasas.com/en/spain/article/international-arbitration-top-trends-to-watch-in-2022-1.

2021 年中创下历史新高。

第二,各国政府采取的措施或不作为将可能带来投资仲裁的增长。例如,佛得角共和国因其将某航空公司重新国有化的计划,已经面临 ICC 仲裁。智利因未能向机场运营商提供救济而面临 ICSID 法律程序。葡萄牙政府颁布了几项可能引发合同纠纷和投资保护纠纷的立法,如第 19 – A/2020 号法令,该法令对在特许协议(如卫生部门和高速公路特许权)中寻求重新建立财务平衡的可能性设定了临时限制。

第三,可再生能源领域国际仲裁纠纷。首先,政府对可再生能源监管政策调整引发的纠纷。例如,近年来,墨西哥政府对其能源部门提出了一系列全面的监管改革,包括修改清洁能源证书制度、能源调度规则和输电关税。如果被采纳,这些措施可能会对可再生能源项目的投资者产生不利影响,并引发国际仲裁。其次,土地和资源许可引发的纠纷。例如,危地马拉目前正面临一系列新的 ICSID 仲裁,开发商在一个水电项目和一个升级该国电网的项目中都面临当地社区和市政当局的强烈反对,导致项目计划延误,引发仲裁。最后,复杂融资结构下的纠纷。大多数大型可再生能源项目都是项目融资。因此,新冠肺炎疫情可能影响项目融资,并因此引起项目延误和中断,产生纠纷。

第四,环境、社会责任、公司治理(environment, social and governance, ESG)条款国际仲裁纠纷。随着公司治理的发展,ESG 条款经常被纳入能源、自然资源、基础设施和建筑等行业合同中,与此条款相关的解释和适用较复杂,成为一类争议类型。同时,在政府为应对气候变化而制定与能源转型和可持续性发展相关的监管规范时,也可能出现ESG条款相关的争议。

第五,科技领域的争议。随着科技行业的快速增长和全球化,加速的数字化转型和创新可能会带来加密货币、区块链、人工智能等新产品领域的商业纠纷,而政府加大对大型科技公司的监管力度也可能导致与科技相关的投资争议不断增加。

(二)研究热点

目前,国际仲裁有如下前沿问题或热点话题的研究。

1. 数字经济中的争议解决①

现阶段,在争议解决中使用技术的情况显著增加。《国际律师协会仲裁从业人员技术资源》即介绍了仲裁程序中常用的视频会议、文件制作、数据管理和传输、分析工具、口译、网络安全等应用程序和软件。

技术的使用总体上有助于提高程序的效率。与此同时,仍需要维护正当程序和公平性,并保持争议解决程序的灵活性。其中一个引人关注的问题,即是潜在的数字鸿沟,即有机会获得技术的人和没有机会获得技术的人之间的差距,例如,某些法域可能缺乏基础设施,并非所有当事人都有机会获得同等水平的技术,使用技术会有成本,这对中小型企业和欠发达经

① 参见联合国国际贸易法委员会:《第二工作组第七十五届会议(2022年3月28日至4月1日,纽约)期间举行的关于解决争议方面今后可能的工作的专题讨论会的报告》,载联合国网2022年4月19日,https://documents-dds-ny.un.org/doc/UNDOC/GEN/V22/022/26/PDF/V2202226.pdf?OpenElement。

济体的企业来说可能是负担。有关专家强调,各方当事人、仲裁员和所有相关方都需要接受培训,以便充分利用最新技术发展。

目前,一些仲裁机构已经采用了新技术进行备案、指定仲裁员、管理案件、审理、交换包括数字证据在内的文件和作出裁决等,一些仲裁机构还发布了便利各方当事人和仲裁庭使用技术的指导材料。在这些措施中,网上听证审理(开庭)受到了较多的关注。网上听证审理也称为远程或视频方式听证审理。近年来,此类听证审理的数量骤增,特别是在因新冠肺炎疫情而实施旅行限制的影响下,更是如此。在此背景下,国际商事仲裁理事会与相关方合作开展了一个研究项目,这项研究基于对 70 多个法域的调查,发现没有一个法域的法律明确规定了进行线下听证审理的权利,除非一方当事人提出请求,否则仲裁庭一般有权根据正当程序考虑远程听证审理。

在线审理方式要求仲裁庭需更加注意确保公平,并在与当事人沟通和询问证人方面发挥更加积极的作用,同时需要综合考虑许多因素,如时区和持续时间、参与方式、是否保留录音录像、语音转文字服务、安全措施等。还有人提议制订线上听证审理的核对表或关于在线询问证人的规程(原因是缺乏监督和存在外部影响的风险)。

伦敦玛丽女王大学《2021 年国际仲裁调研报告》显示,如听证会或开庭无法如期现场举行,79% 的受访者更倾向按原定时间进行网上开庭,节省时间和经济成本是其主要考量因素;约 16% 的受访者选择推迟开庭时间以实现现场开庭,4%的受访者选择书面审理案件。[①] 但该调研报告同时指出,不少受访者同样认为,网上开庭存在难以协调位于不同时区的各方,客户和律师团队较难有效沟通,证人可信度难以判断等困难。[②]

技术运用的另一个领域是人工智能。有人提议,在仲裁的不同阶段使用人工智能,如协助当事人准备案件以及协助仲裁庭分析文件和证据。虽然人工智能在处理简单和重复性的争议方面可能是有用的,但也有人对所谓的算法或自动化决策表达了担忧。有人建议,应就人工智能的使用制定职业道德标准,特别是在决策方面,以便确保问责。

此外,网上调解也发挥了显著的争议解决功效,成功率与当面调解近乎相当。部分地区已加大网上调解的运用,例如,欧盟发布了关于平台与企业关系的条例,该条例规定,使用调解解决在线平台提供商(搜索引擎、在线市场、社交媒体和应用商店)与在线平台企业用户之间的争议。该条例要求,平台提供商建立内部投诉处理制度,并指定至少两名调解员,最终由调解员就平台提供商应采取的行动提出建议。

最后,争议解决的网上平台正在逐步规范化。目前主要有两类网上争议解决平台:第一类是具备处理用户之间争议或用户与运营商之间争议的

---

① See *2021 International Arbitration Survey*: *Adapting Arbitration to a Changing World*, School of International Arbitration of Queen Mary University of London, Accessed June 1, 2022, https://arbitration. qmul. ac. uk/media/arbitration/docs/LON0320037 – QMUL-International-Arbitration-Survey – 2021_19_WEB. pdf.

② See *2021 International Arbitration Survey*: *Adapting Arbitration to a Changing World*, School of International Arbitration of Queen Mary University of London, Accessed June 1, 2022, https://arbitration. qmul. ac. uk/media/arbitration/docs/LON0320037 – QMUL-International-Arbitration-Survey – 2021_19_WEB. pdf.

内置平台;第二类是专门提供争议解决服务的平台。与网上争议解决平台相关的问题包括平台内部政策的合理性、用户的有效同意、平台外决策的承认和可执行性、自动化决策的管理、适用法律、补救和上诉机制等。为促进网上争议解决平台的规范化、标准化,UNCITRAL 于 2016 年通过了《关于网上争议解决的技术指引》(以下简称《技术指引》)。ADEC 于 2019 年批准了《跨境企业间争议的网上争议解决协作框架》,其中包括在《UNCITRAL 仲裁规则》和《技术指引》的基础上起草的《示范程序规则》。这一协作框架的范围限于企业之间的争议,并将仲裁作为网上争议解决程序的最后阶段。ISO 当前正在推进"国际标准化组织电子商务交易保障技术委员会(ISO/TC 321)电子商务交易保障"项目。其他相关机构,如国际网上争议解决理事会、美国律师协会网上争议解决工作队和国家标准和技术研究所,也正在进行相关研究。

除前述内容外,元宇宙、区块链、"去中心司法化"[①]等概念也开始逐步进入争议解决领域。随着技术发展,在跨境司法协助领域也出现了技术运用的需求,如采取临时措施以对数字资产或证据进行保全等。有人因此呼吁,对技术在争议解决领域的发展新形势进行评估并提供必要的指导。

2. 审裁(Adjudication)

审裁是一种替代性争议解决机制,主要用于建筑行业中的重大项目的规划和实施阶段。在该机制下,当事方委托 1 名独立专家(裁决者)或由 3

---

① 是指一群受到激励的人作为陪审员参与决策的一种机制。这类争议解决形式有其独特的特点,如可能有匿名的当事人和(或)决策者参与。

名成员组成的专家小组(DAB)解决项目期间出现的冲突并发布具有临时约束力的决定。但是,法院或仲裁庭可以撤销或修改该决定。一些法域还对该机制制定了专门的规定。

审裁的目的是在争议发展为耗时和昂贵的诉讼之前及早解决争议。如果在项目过程中双方发生争议,专家可以在较短时间内作出具有约束力的临时决定。这样,就可以避免因争议而导致项目进展缓慢的延误。该机制有助于快速解决争议,同时也保留了诉讼/仲裁的可能性。该机制面临的问题是,如何保障相关决定可以即时执行(甚至是跨境执行)。对此,有人建议通过合同机制和依托《承认及执行外国仲裁裁决公约》(以下简称《纽约公约》[①])确保跨境执行,具体仍有待于进一步的研究。

3. 快速仲裁(Expedited Arbitration)

根据《UNCITRAL 快速仲裁规则解释性说明》,[②]快速仲裁是一种精简的简易程序,缩短了期限,从而能够使各方当事人以具有成本效益和时间效益的方式达成解决争议的最终办法。

根据 ICC 2020 年的统计数据,自 2017 年 3 月引入该程序以来,已根

---

① 《纽约公约》是推动仲裁裁决在不同法域获得承认和执行的重要国际公约。它于 1958 年 6 月 10 日在联合国主持下通过。截至 2022 年 6 月 1 日,《纽约公约》的缔约方已达 170 个。全国人大常委会于 1986 年 12 月 2 日作出加入《纽约公约》的决定,并作了互惠和商事法律关系争议的保留声明。1987 年 1 月 22 日,中国加入《纽约公约》(自 1987 年 4 月 22 日起对我国生效)。

② 参见联合国国际贸易法委员会:《〈贸易法委员会快速仲裁规则解释性说明〉草案秘书处的说明》,载联合国网 2021 年 7 月 28 日,https://documents-dds-ny. un. org/doc/UNDOC/LTD/V21/057/23/PDF/V2105723. pdf? OpenElement。

据其快速仲裁规则处理了261起案件。快速规则的成功使ICC扩大了其自动适用范围。这种机制在SCC程序中也很受欢迎:2020年登记的案件中有31%是根据其快速规则登记的。快速规则与标准ICC规则下的审理期限的比较显示了明显的优势:ICC 2020年统计数据显示,根据快速程序规定作出的最终裁决中有67%是在6个月时限内或前后作出的,而2020年达成最终裁决的案件的平均审理时间为26个月。①

关于快速仲裁的一个首要问题是,快速仲裁是否可以默示启动(如低于一定金额门槛后即自动适用)。对此,一些仲裁机构持同意意见,例如,2018年1/3的ICC案件的争议金额低于200万美元,50%的KCAB案件的争议金额低于5亿韩元(约42万美元)。在这种情况下,这些机构的快速程序规则将自动适用。②

持否定意见的则认为,只有在当事人明确同意后才能适用快速程序规则,这种观点更加尊重当事人的意思自治。例如,SCC单独的《快速仲裁规则(2017年)》仅适用于当事人的明示协议;LCIA只规定在非常紧急的情况下,根据一方的申请加快组建仲裁庭。《UNCITRAL快速仲裁规则》(以下简称《快速规则》)规定了一套各方当事人可就快速仲裁达成一致的规则。《快速规则》,一方面顾及了仲裁程序的效率,另一方面也顾及了当

① See *International Arbitration in 2022: Top Trends*, Freshfields Bruckhaus Deringer, Accessed June 1, 2022, https://www.freshfields.com/490835/globalassets/our-thinking/campaigns/arbitration-top-trends-2022/international_arbitration_top_trends_2022.pdf.

② 参见联合国国际贸易法委员会:《〈贸易法委员会快速仲裁规则解释性说明〉草案秘书处的说明》,载联合国网2021年7月28日,https://documents-dds-ny.un.org/doc/UNDOC/LTD/V21/057/23/PDF/V2105723.pdf?OpenElement。

事人对正当程序和公平待遇的权利。《UNCITRAL 仲裁规则》第 1(5)条纳入了《快速规则》,列作《UNCITRAL 仲裁规则》的附录。该款加入“在当事人同意的情况下”一语,强调需要征得当事人明确同意后,《快速规则》才能适用于仲裁。

另一个问题是关于仲裁员的人数。在默认适用快速仲裁规则的情况下,仲裁庭通常由 1 名独任仲裁员组成。这是否能推翻当事人明确选择的 3 名仲裁员?关于仲裁庭的组成,SIAC 和 ICC 的规则明确规定它们优先于仲裁协议。然而,其他机构如港仲和 KCAB 强调当事人意思自治,并会邀请或鼓励当事人同意将案件提交独任仲裁员。

除快速仲裁外,许多国际仲裁机构还在提升程序效率上作了多种尝试。例如,(1)许多国际仲裁机构(LCIA、SCC、SIAC、港仲等)都引入了简易驳回程序(summary dismissal procedures),并且越来越频繁地使用这些程序。该程序工具使仲裁庭能够对小额索赔作出快速处理。(2)大多数国际仲裁机构(ICC、SCC、SIAC、港仲等)制订了关于加入和仲裁合并的规则:2021 年版的 ICC 规则允许在仲裁员指定或确认后加入一方,它还允许将具有兼容仲裁条款的多项协议合并仲裁。(3)紧急仲裁员制度:紧急仲裁员通常会在两周内作出决定(根据 SCC 规则为 5 天,根据 SIAC、LCIA、港仲和 ICC 规则为 14 天),仲裁庭组成后可能会重新审查该决定。该程序最初用于建筑和工程纠纷,但现在被其他行业的各方使用。(4)一些国际仲裁机构还制订了激励措施:如果在没有正当理由的情况下延迟裁决,ICC 会降低仲裁员的费用。ICC 2020 年统计报告显示,最终裁决延迟 3 ~

6 个月的情况减少了一半。[①]

4. 行为准则和仲裁员责任

过去几年，旨在规范国际仲裁各个方面的程序和行为的倡议和跨境协议显著增加。2021 年 6 月，ICCA 发布了《国际仲裁实践标准指南》，该指南融合了与国际仲裁密切相关的专业标准和道德规则，可被引用纳入仲裁协议或程序令中，但不是强制性的。该指南包含对仲裁各利益相关者的指导，包括当事人代表（如避免干扰或延迟程序）、仲裁员（如"高效"行事）以及其他参与者。例如，在律师可以在多大程度上准备事实证人和专家证人的证词方面，不同司法管辖区存在差异，该指南为此提供了通用指引。2021 年 9 月，ICSID 和 UNCITRAL 发布了第三版《国际投资争端仲裁员行为准则》（Code of Conduct For Arbitrators In International Investment Disputes，IID）（以下简称《准则》）。《准则》旨在提高投资争议诉讼程序的效率和透明度，增强对投资争议法庭独立性和公正性的信心。[②]

针对仲裁员的责任，不同地区对仲裁员不当行为的后果和责任的规定存在一定差异。例如，在英格兰、威尔士和加纳，除非存在"恶意"，否则仲裁员豁免相关民事责任。在希腊，当事方可以就仲裁员的不当行为造成的损害提出索赔。在奥地利，仲裁员的不当行为会导致裁决被撤销。《SIAC

---

① See *International Arbitration in 2022*: *Top Trends*, Freshfields Bruckhaus Deringer, Accessed June 1, 2022, https://www.freshfields.com/490835/globalassets/our-thinking/campaigns/arbitration-top-trends-2022/international_arbitration_top_trends_2022.pdf.

② See *International Arbitration in 2022*: *Top Trends*, Freshfields Bruckhaus Deringer, Accessed June 1, 2022, https://www.freshfields.com/490835/globalassets/our-thinking/campaigns/arbitration-top-trends-2022/international_arbitration_top_trends_2022.pdf.

仲裁规则》排除了仲裁员对与 SIAC 根据这些规则管理的任何仲裁有关的任何疏忽、作为或不作为的责任。相比之下,《LCIA 仲裁规则》将责任限制在仲裁员的作为或不作为构成"有意识和故意不法行为"的情况下。在阿根廷、德国和西班牙,除非存在欺诈或腐败,否则仲裁员豁免适用相关刑事责任。在中国,仲裁员"在仲裁裁决中故意违背事实和法律、歪曲法律""情节严重"的,可判处 3 年以下有期徒刑,"情节特别严重"的,可判处 7 年以下有期徒刑。尽管有这些不同的规定,但认定仲裁员存在不当行为本身需要达到很高的证明门槛,并非易事。以下 3 个有关仲裁员责任的案例受到广泛讨论:

首先,"埃及雪佛龙案",在该案中,因涉及对美国石油公司发出 180 亿美元的"虚假"裁决,埃及刑事法院判处 3 名仲裁员 3 年有期徒刑。

其次,卡塔尔多哈的一家法院于 2018 年 10 月判处 3 名仲裁员 3 年监禁,原因是在一起涉及卡塔尔王室亲属的案件中,仲裁员将争议从 QICCA 变为仲裁地在突尼斯的临时仲裁,并因此被定罪。

最后,在"Puma v. Estudio 2000 仲裁案"的裁决之后,西班牙最高法院宣布其中 2 名仲裁员因将其同事排除在合议程序之外而承担职业责任。2 名仲裁员在未通知第三名仲裁员的情况下会面,修改了裁决,签署并于当日通知了当事人。法院命令他们偿还部分费用和利息。该决定被认为是合议程序的一个国际里程碑。

5. 第三方资助

随着全球经济形势对企业现金流的影响,更多企业可能开始关注国际仲裁中的第三方资助,现阶段讨论热点主要集中于是否需要强制披露第三方资助情况。例如,2021 年《ICC 仲裁规则》和 2018 年《港仲仲裁规则》中即要求披露第三方资助的存在和资助者的身份。LCIA 则无此要求,SIAC 无此要求但对仲裁员作了提示。

第六章 【境内司法观察】涉外、涉我国港澳台地区仲裁案件数量及人民法院的司法审查

依据最高人民法院《关于审理仲裁司法审查案件若干问题的规定》(法释〔2017〕22号,2018年1月1日起施行,以下简称《仲裁司法审查规定》)第12条以及最高人民法院《关于适用〈中华人民共和国涉外民事关系法律适用法〉若干问题的解释(一)》第1条之规定,仲裁协议或者仲裁裁决具有以下规定情形的,为涉外仲裁协议或者涉外仲裁裁决:

1. 当事人一方或双方是外国公民、外国法人或者其他组织、无国籍人;
2. 当事人一方或双方的经常居所地在中华人民共和国领域外;
3. 标的物在中华人民共和国领域外;
4. 产生、变更或者消灭民事关系的法律事实发生在中华人民共和国领域外;
5. 可以认定为涉外民事关系的其他情形。

其他情形:例如,2021年12月31日,最高人民法院发布《全国法院涉外商事海事审判工作座谈会会议纪要》第100条“境外仲裁机构在我国内

地作出的裁决的执行”规定,“境外仲裁机构以我国内地为仲裁地作出的仲裁裁决,应当视为我国内地的涉外仲裁裁决。当事人向仲裁地中级人民法院申请撤销仲裁裁决的,人民法院应当根据仲裁法第七十条的规定进行审查;当事人申请执行的,根据民事诉讼法第二百八十一条的规定进行审查”。

一、相关数据

(一)涉外、涉我国港澳台地区仲裁案件数量

根据贸仲主编的《中国国际商事仲裁年度报告(2019~2020)》《中国国际商事仲裁年度报告(2020~2021)》:

2019年共63家仲裁委员会受理涉我国港澳台地区和涉外案件共计2226件,较2018年下降1445件。其中,涉中国香港特别行政区案件995件,涉中国澳门特别行政区案件92件,涉中国台湾地区案件216件,其他涉外案件923件。处理涉我国港澳台地区和涉外案件超过100件的有6家仲裁委员会,分别为:贸仲617件、深圳国际仲裁院344件、广州仲裁委员会261件、北京仲裁委员会163件、上海国际经济贸易仲裁委员会125件、泉州仲裁委员会103件。

2020年,共有61家仲裁委员会受理涉我国港澳台地区和涉外案件共计2180件,较2019年下降40件。案件主要集中在北京、上海、江苏、浙江、福建、广东等地。其中,涉中国香港特别行政区案件938件,涉中国澳门特别行政区案件64件,涉中国台湾地区案件108件,其他涉外案件1070

件。处理涉我国港澳台地区和涉外案件超过100件的有5家仲裁委员会，分别为：贸仲739件、深圳国际仲裁院310件、广州仲裁委员会284件、北京仲裁委员会215件、上海国际经济贸易仲裁委员会112件。图6－1为2019～2020年涉外、涉我国港澳台地区案件数量。

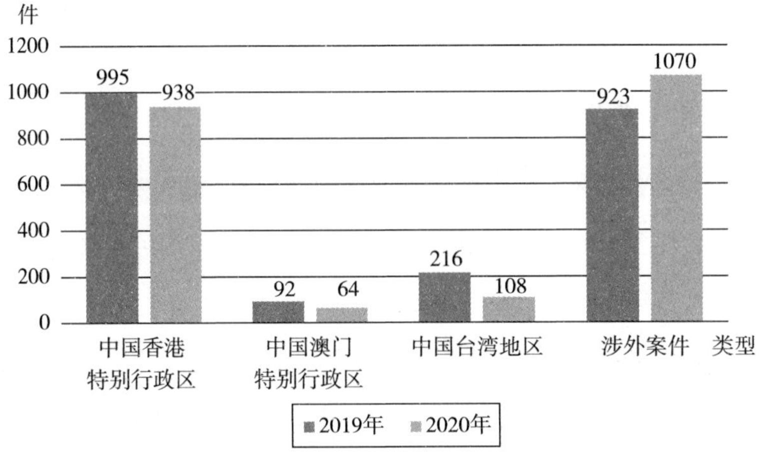

图6－1　2019～2020年涉外、涉我国港澳台地区仲裁案件数量

（二）涉外、涉我国港澳台地区仲裁司法审查类型

依据《仲裁司法审查规定》第1条的规定，人民法院对涉外、涉我国港澳台地区仲裁协议和涉外、涉我国港澳台地区仲裁裁决的司法审查案件包括：

1. 申请确认（涉外、涉我国港澳台地区）仲裁协议效力案件；

2. 申请撤销我国内地（大陆）仲裁机构的（涉外、涉我国港澳台地区）仲裁裁决案件；

3. 申请执行我国内地(大陆)仲裁机构的(涉外、涉我国港澳台地区)仲裁裁决案件;

4. 申请认可和执行中国香港特别行政区、中国澳门特别行政区、中国台湾地区仲裁裁决案件;

5. 申请承认和执行外国仲裁裁决案件。

(三)涉外、涉我国港澳台地区仲裁司法审查案件数量

根据《最高人民法院商事仲裁司法审查年度报告(2019年)》,2019年新收涉外、涉我国港澳台地区仲裁司法审查案件504件,具体为涉外249件,涉中国香港特别行政区205件,涉中国澳门特别行政区19件,涉中国台湾地区31件,占全部案件的比例为2.5%。

另根据最高人民法院2020年统计数据,2020年新收涉外、涉我国港澳台地区仲裁司法审查案件424件,具体为涉外132件,涉中国香港特别行政区240件,涉中国澳门特别行政区18件,涉中国台湾地区34件,占全部案件的比例为2.5%。图6-2为2019~2020年涉外、涉我国港澳台地区仲裁司法审查案件数量。

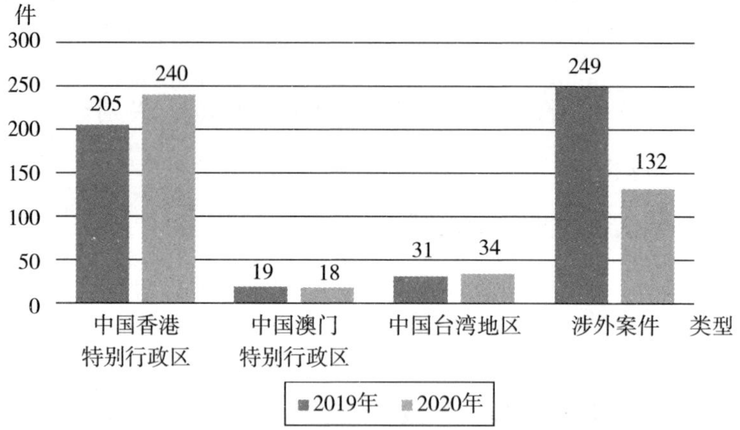

图 6－2　2019～2020 年涉外、涉我国港澳台地区仲裁司法审查案件数量

针对司法审查的具体案由、结果,最高人民法院目前的统计数据同时包括了中国内地(大陆)和涉外、涉我国港澳台地区仲裁,以 2020 年的统计数据为例:

1. 从中国内地(大陆)和涉外、涉我国港澳台地区仲裁司法审查案由构成看,占比最高的是申请撤销仲裁裁决类(以下简称撤裁类)案件,共收案 7022 件,约占 41.9%。依次为:仲裁保全类案件 5874 件,共收案占比约 35%;确认仲裁协议效力类(以下简称确仲类)案件,共收案 2532 件,约占 15.1%;申请执行仲裁裁决中当事人提出不予执行申请类(以下简称不予执行类)案件,共 1283 件,约占 7.7%;认可与执行涉我国港澳台地区仲裁裁决共 27 件,承认与执行外国仲裁裁决类案件共 29 件。表 6－1 为 2020 年全国仲裁司法审查案件类型及数量。图 6－3、图 6－4 分别为 2020 年全国仲裁司法审查新收及审结案件数量约占比。

表 6-1 2020 年全国仲裁司法审查案件类型及数量

案件类型	新收案件数量(约占比)	审结案件数量(约占比)
确仲类	2532(15.1%)	2708(15.7%)
撤裁类	7022(41.9%)	7322(42.4%)
不予执行类	1283(7.7%)	1363(7.9%)
仲裁保全类	5874(35%)	5833(33.7%)
认可执行涉我国港澳台地区仲裁裁决类	27(0.15%)	27(0.14%)
承认执行外国仲裁裁决类	29(0.15%)	34(0.16%)
总计	16,767(100.00%)	17,287(100.00%)

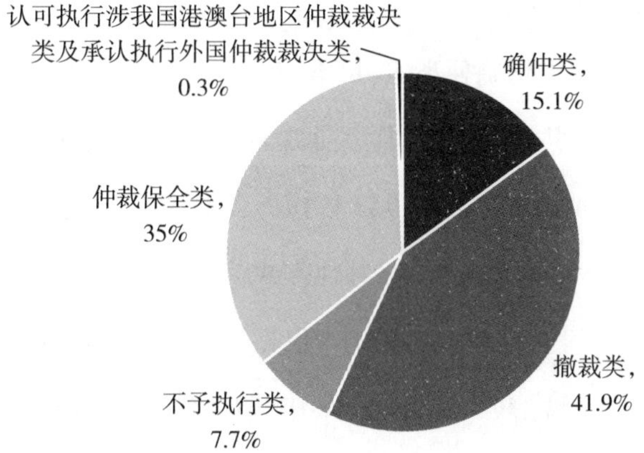

图 6-3 2020 年全国仲裁司法审查新收案件约占比

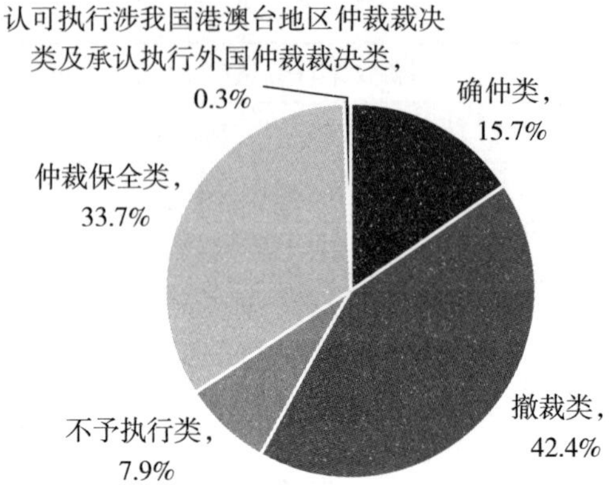

图6-4 2020年全国仲裁司法审查审结案件约占比

2. 从审查结果看：

(1)全国法院审结确仲类案件[包括中国内地(大陆)和涉外、涉我国港澳台地区仲裁]共2708件。其中,343件得到法院支持即确认仲裁协议无效或不成立,1476件被驳回,753件撤诉,2件部分支持,25件不予受理,1件重新仲裁,15件管辖权异议,其他方式结案93件。

(2)全国法院审结撤裁类案件[包括中国内地(大陆)和涉外、涉我国港澳台地区仲裁]共7322件。其中,269件得到法院支持即准予撤回申请,5816件被驳回,890件撤诉,76件被撤销或部分撤销仲裁裁决,25件不予受理,104件重新仲裁,15件管辖权异议,其他方式结案127件。

(3)全国法院审结不予执行类案件[包括中国内地(大陆)和涉外、涉我国港澳台地区仲裁]共1363件。其中,498件得到法院支持即被裁定不予执行,745 件被驳回,103 件撤诉,3 件部分承认执行,1 件不予受理,2 件重新仲裁,1 件管辖权异议,其他方式结案 10 件。

(4)全国法院审结仲裁保全类案件[包括中国内地(大陆)和涉外、涉我国港澳台地区仲裁]共 5833 件。其中,5578 件得到法院支持,12 件被驳回,78 件撤诉,1 件不予受理,其他方式结案 164 件。

其中,针对涉外仲裁裁决的承认和执行,最高人民法院的统计数据显示,2020 年,人民法院共审结承认和执行外国仲裁裁决 34 件,裁定承认与执行外国仲裁裁决 20 件,准许当事人撤回申请 5 件,驳回申请 5 件,裁定部分承认和执行 1 件,其他 3 件(包括上海 1 件,广东 2 件)。另有相关研究文章显示,2001 ~ 2021 年,人民法院驳回或拒绝涉外、涉我国港澳台地区仲裁裁决的承认或执行申请的公开案例约 37 件。表 6 – 2 为 2020 年全国仲裁司法审查案件结案情况及支持率。

表 6 – 2　2020 年全国仲裁司法审查案件结案情况及支持率

案件类型	已审结/件	驳回申请/件	支持申请/件	支持率/%	部分支持/件	撤回申请/件	不予受理/件	重新仲裁/件	管辖异议/件	其他/件
确仲案件	2708	1476	343	12.67	2	753	25	1	15	93
撤销裁决	7322	5816	269	3.67	76	890	25	104	15	127
不予执行	1363	745	498	36.57	3	103	1	2	1	10
仲裁保全	5833	12	5578	95.63	0	78	1	0	0	164

后一部分将结合前述数据,在相关法律数据库中以抽样统计的方式,专门针对涉外、涉我国港澳台地区仲裁的司法审查进行分类数据汇总和案例分析。

二、人民法院对涉外、涉我国港澳台地区仲裁协议效力的确认

(一)整体概览

1. 有效确认率抽样统计

调研小组在"申请确认仲裁协议效力"案由项下,以"涉外、涉我国港澳台地区仲裁协议效力"为关键词在威科先行法律信息库中进行检索,共检索到相关案例67件,时间跨度为2013年1月至2022年3月。在检索到的案例中,共59件确认仲裁协议有效,8件确认仲裁协议无效或对申请人无约束力,有效确认率达88%,与前述最高人民法院统计的确仲案件的整体比率大体一致。图6-5为确认涉外、涉我国港澳台地区仲裁协议效力案件抽样统计。

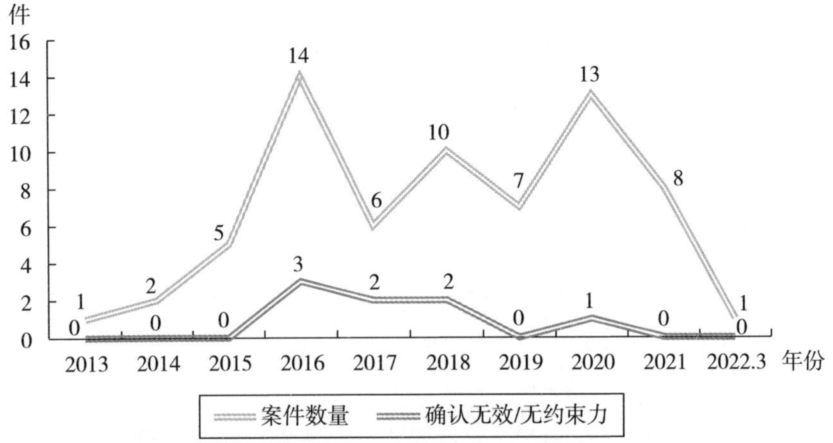

图 6－5 确认涉外、涉我国港澳台地区仲裁协议效力案件抽样

2. 审查依据

最高人民法院《关于适用〈中华人民共和国仲裁法〉若干问题的解释》(以下简称《仲裁法司法解释》)第 16 条规定:"对涉外仲裁协议的效力审查,适用当事人约定的法律;当事人没有约定适用的法律但约定了仲裁地的,适用仲裁地法律;没有约定适用的法律也没有约定仲裁地或者仲裁地约定不明的,适用法院地法律。"

从目前的统计案例来看,在审理涉外、涉我国港澳台地区仲裁协议效力过程中,主要援引的法律或条款如图 6－6、表 6－3 所示。

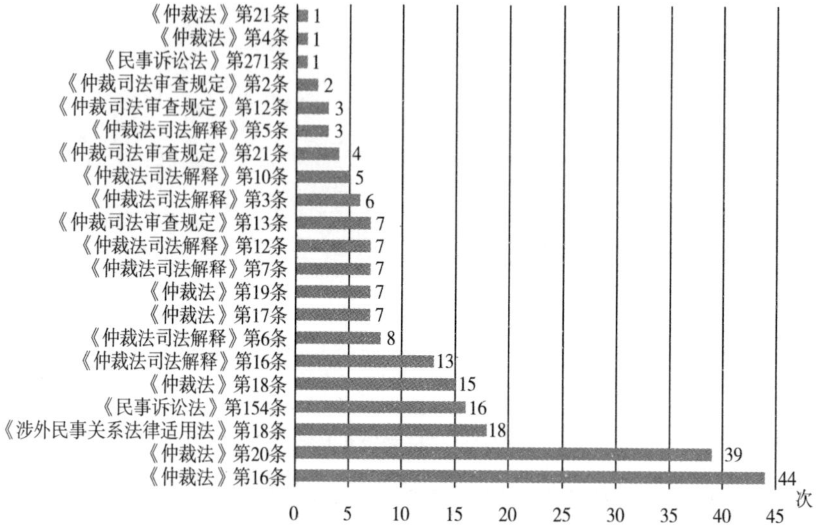

图6-6 人民法院审理涉外、涉我国港澳台地区

仲裁协议效力法律条款引用情况

表6-3 人民法院审理涉外、涉我国港澳台地区

仲裁协议效力援引法律条款内容

法律条款	内容
《仲裁法》第4条	当事人采用仲裁方式解决纠纷,应当双方自愿,达成仲裁协议。没有仲裁协议,一方申请仲裁的,仲裁委员会不予受理
《仲裁法》第16条	仲裁协议包括合同中订立的仲裁条款和以其他书面方式在纠纷发生前或者纠纷发生后达成的请求仲裁的协议。 仲裁协议应当具有下列内容: (1)请求仲裁的意思表示; (2)仲裁事项; (3)选定的仲裁委员会

续表

法律条款	内容
《仲裁法》第 17 条	有下列情形之一的,仲裁协议无效: (1)约定的仲裁事项超出法律规定的仲裁范围的; (2)无民事行为能力人或者限制民事行为能力人订立的仲裁协议; (3)一方采取胁迫手段,迫使对方订立仲裁协议的
《仲裁法》第 18 条	仲裁协议对仲裁事项或者仲裁委员会没有约定或者约定不明确的,当事人可以补充协议;达不成补充协议的,仲裁协议无效
《仲裁法》第 19 条	仲裁协议独立存在,合同的变更、解除、终止或者无效,不影响仲裁协议的效力。 仲裁庭有权确认合同的效力
《仲裁法》第 20 条	当事人对仲裁协议的效力有异议的,可以请求仲裁委员会作出决定或者请求人民法院作出裁定。一方请求仲裁委员会作出决定,另一方请求人民法院作出裁定的,由人民法院裁定。 当事人对仲裁协议的效力有异议,应当在仲裁庭首次开庭前提出
《仲裁法》第 21 条	当事人申请仲裁应当符合下列条件: (1)有仲裁协议; (2)有具体的仲裁请求和事实、理由; (3)属于仲裁委员会的受理范围

续表

法律条款	内容
《仲裁法司法解释》第3条	仲裁协议约定的仲裁机构名称不准确,但能够确定具体的仲裁机构的,应当认定选定了仲裁机构
《仲裁法司法解释》第5条	仲裁协议约定两个以上仲裁机构的,当事人可以协议选择其中的一个仲裁机构申请仲裁;当事人不能就仲裁机构选择达成一致的,仲裁协议无效
《仲裁法司法解释》第6条	仲裁协议约定由某地的仲裁机构仲裁且该地仅有一个仲裁机构的,该仲裁机构视为约定的仲裁机构。该地有两个以上仲裁机构的,当事人可以协议选择其中的一个仲裁机构申请仲裁;当事人不能就仲裁机构选择达成一致的,仲裁协议无效
《仲裁法司法解释》第7条	当事人约定争议可以向仲裁机构申请仲裁也可以向人民法院起诉的,仲裁协议无效。但一方向仲裁机构申请仲裁,另一方未在《仲裁法》第20条第2款规定期间内提出异议的除外
《仲裁法司法解释》第9条	债权债务全部或者部分转让的,仲裁协议对受让人有效,但当事人另有约定、在受让债权债务时受让人明确反对或者不知有单独仲裁协议的除外
《仲裁法司法解释》第10条	合同成立后未生效或者被撤销的,仲裁协议效力的认定适用《仲裁法》第19条第1款的规定。 当事人在订立合同时就争议达成仲裁协议的,合同未成立不影响仲裁协议的效力

续表

法律条款	内容
《仲裁法司法解释》第 12 条	当事人向人民法院申请确认仲裁协议效力的案件，由仲裁协议约定的仲裁机构所在地的中级人民法院管辖；仲裁协议约定的仲裁机构不明确的，由仲裁协议签订地或者被申请人住所地的中级人民法院管辖
《仲裁法司法解释》第 16 条	对涉外仲裁协议的效力审查，适用当事人约定的法律；当事人没有约定适用的法律但约定了仲裁地的，适用仲裁地法律；没有约定适用的法律也没有约定仲裁地或者仲裁地约定不明的，适用法院地法律
《涉外民事关系法律适用法》第 18 条	当事人可以协议选择仲裁协议适用的法律。当事人没有选择的，适用仲裁机构所在地法律或者仲裁地法律
2021 年《民事诉讼法》第 157 条	裁定适用于下列范围：(1)不予受理；(2)对管辖权有异议的；(3)驳回起诉；(4)保全和先予执行；(5)准许或者不准许撤诉；(6)中止或者终结诉讼；(7)补正判决书中的笔误；(8)中止或者终结执行；(9)撤销或者不予执行仲裁裁决；(10)不予执行公证机关赋予强制执行效力的债权文书；(11)其他需要裁定解决的事项。对前款第 1 项至第 3 项裁定，可以上诉。裁定书应当写明裁定结果和作出该裁定的理由。裁定书由审判人员、书记员署名，加盖人民法院印章。口头裁定的，记入笔录
2021 年《民事诉讼法》第 278 条	涉外经济贸易、运输和海事中发生的纠纷，当事人在合同中订有仲裁条款或者事后达成书面仲裁协议，提交中华人民共和国涉外仲裁机构或者其他仲裁机构仲裁的，当事人不得向人民法院起诉。 当事人在合同中没有订有仲裁条款或者事后没有达成书面仲裁协议的，可以向人民法院起诉

续表

法律条款	内容
《仲裁司法审查规定》第2条第1款	申请确认仲裁协议效力的案件,由仲裁协议约定的仲裁机构所在地、仲裁协议签订地、申请人住所地、被申请人住所地的中级人民法院或者专门人民法院管辖
《仲裁司法审查规定》第12条	仲裁协议或者仲裁裁决具有最高人民法院《关于适用〈中华人民共和国涉外民事关系法律适用法〉若干问题的解释(一)》第1条规定情形的,为涉外仲裁协议或者涉外仲裁裁决
《仲裁司法审查规定》第13条	当事人协议选择确认涉外仲裁协议效力适用的法律,应当作出明确的意思表示,仅约定合同适用的法律,不能作为确认合同中仲裁条款效力适用的法律
《仲裁司法审查规定》第21条	人民法院受理的申请确认涉及香港特别行政区、澳门特别行政区、中国台湾地区仲裁协议效力的案件,申请执行或者撤销我国内地仲裁机构作出的涉及香港特别行政区、澳门特别行政区、中国台湾地区仲裁裁决的案件,参照适用涉外仲裁司法审查案件的规定审查

3. 审查法院

《仲裁法司法解释》第12条第2款规定:“申请确认涉外仲裁协议效力的案件,由仲裁协议约定的仲裁机构所在地、仲裁协议签订地、申请人或者被申请人住所地的中级人民法院管辖。”图6-7为统计案例中仲裁司法审查法院地区分布。

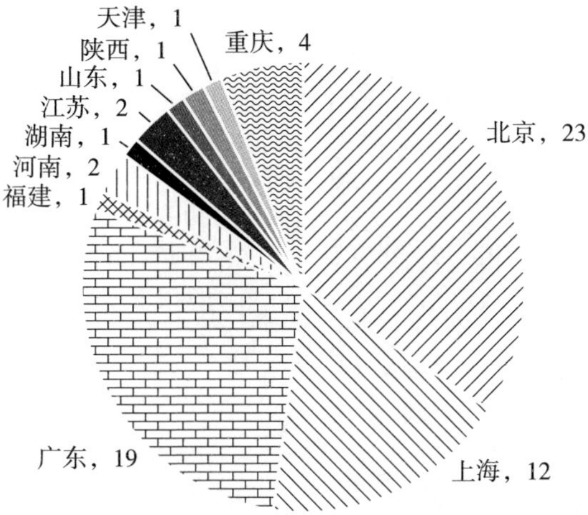

图 6－7 统计案例中仲裁司法审查法院地区分布

从目前统计的案例来看，受仲裁机构所在地影响，对仲裁协议效力进行审查的人民法院多集中在北京、上海和广东。

4. 无效事由

在统计案例中，无效事由主要如图 6－8 所示。

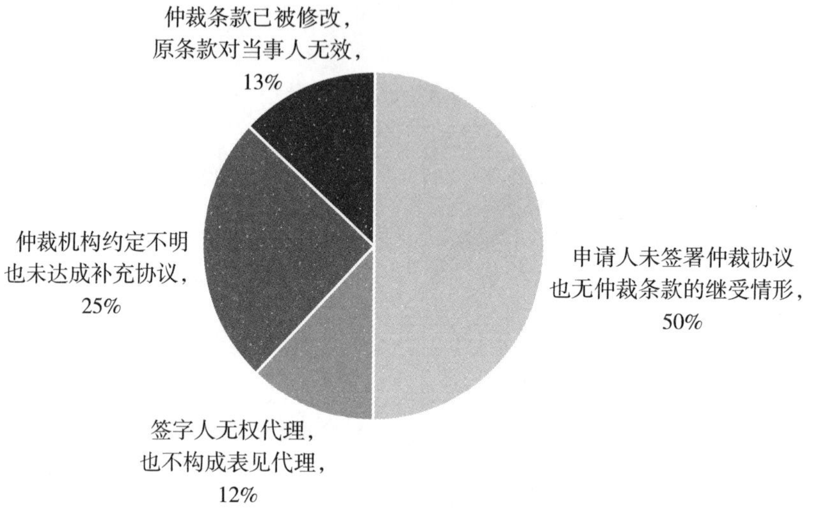

图6－8　统计案例中仲裁协议无效事由

（二）司法审查案例

1. 仲裁协议有效案例一：选定境外仲裁机构

广州市中级人民法院（以下简称广州中院）2021年9月8日作出的广州八八六六网络科技有限公司、绍兴上虞必果益游网络科技有限公司申请确认仲裁协议效力特别程序民事裁定书[（2021）粤01民特748号]中，广州中院认为，必果益游公司与八八六六公司就合作开发运营游戏事宜签订《合作开发运营协议》，约定八八六六公司负责合作游戏开发工作，合作游戏全球全渠道全版本的独家发行权归属于必果益游公司，而八八六六公司的分成收入包括该合作游戏的海外收益分成。之后必果益游公司授权海南修仙科技有限公司与香港悦创时代有限公司就涉案合作游戏全球（除中国)发行事宜签订《发行合作协议》及补充协议。因此,涉案《合作开发运营协议》的履行和收益与中国境外具有连结点,该案情形符合 2022 年最高人民法院关于《适用〈中华人民共和国民事诉讼法〉的解释》第 520 条第 5 款关于“可以认定为涉外民事案件的其他情形”之规定,故涉案合同关系属于涉外民事法律关系。涉案《合作开发运营协议》第 9 条第 2 款约定,因本协议引起的或与本协议有关的任何争议,双方应友好协商解决,协商不成时双方同意将该争议提交至港仲由港仲管理仲裁,并按照提交仲裁通知时有效的《港仲仲裁规则》最终解决。故涉案仲裁协议属于涉港仲裁协议,应参照涉外仲裁协议处理。首先,《仲裁法司法解释》第 16 条规定:“对涉外仲裁协议的效力审查,适用当事人约定的法律;当事人没有约定适用的法律但约定了仲裁地的,适用仲裁地法律;没有约定适用的法律也没有约定仲裁地或者仲裁地约定不明的,适用法院地法律。”最高人民法院《仲裁司法审查规定》第 13 条规定,当事人协议选择确认涉外仲裁协议效力适用的法律,应当作出明确的意思表示,仅约定合同适用的法律,不能作为确认合同中仲裁条款效力适用的法律。涉案《合作开发运营协议》虽约定协议的签订、履行和解释及争议解决等均适用中国香港特别行政区法律,但并未明确约定确认仲裁条款效力适用的法律,故根据上述司法解释的规定,该案应适用仲裁地法律即香港特别行政区法律作为认定涉案仲裁协议效力的准据法。其次,根据中国香港特别行政区《仲裁条例》的相关规定,有效的仲裁协议应当符合一定的形式要件和实质要件,即仲裁协议为书面形式及当事人有将争议交付仲裁的意思表示。在该案中,涉案仲裁协议以书面形式作出,且有明确的将争议交付仲裁的意思表示,应认定为有效。八八六六公司以涉案《合作开发运营协议》不具备涉外因素,不属于涉外合同为由,主张涉案仲裁协议无效,理据不足,法院不予支持。

2. 仲裁协议有效案例二:约定外国仲裁机构但仲裁地在中国

上海市第一中级人民法院(以下简称上海一中院)2020 年 6 月 29 日作出的“大成产业气体株式会社等与普莱克斯(中国)投资有限公司申请确认仲裁协议效力案”一审民事裁定书[(2020)沪 01 民特 83 号]中,上海一中院认为,案涉合同中约定由 SIAC 仲裁系由一家外国仲裁机构进行仲裁,但约定的仲裁地点为中国上海市。鉴于该案当事人之间就涉外民事合同中的涉外仲裁条款的法律效力发生了严重分歧,无论是 SIAC 仲裁庭、新加坡高等法院,还是新加坡上诉法院均未能对此适用中国法律给予明确且有效的决断,被申请人最终系以 SIAC 仲裁庭对该案无管辖权为由要求 SIAC 仲裁庭终止仲裁程序,2 名申请人对此明确表示反对。鉴于双方各执一词,仲裁程序无法继续进行,仲裁庭为此出具《中止仲裁决定》……上海一中院认为,该案为涉外确认仲裁协议效力案件。该案申请人大成株式会社与被申请人普莱克斯公司在《承购协议》中约定,本协议受中华人民共和国法律管辖;对因本协议产生的或与之有关的任何争议,当事人应首先尝试以友好协商的方式解决。协商不成的,双方均同意将该等争议最终交由 SIAC 根据其仲裁规则在上海仲裁。仲裁裁决是终局的,并对双方均具有约束力。2 名申请人与被申请人又在《补充协议(一)》中约定,本补充协议是根据《承购协议》制定,《承购协议》应在未修改或补正的范围内继续有效。据此,《承购协议》第14.2条争议解决条款系该案三方当事人的真实意思表示,对该案三方当事人均具有合同约束力。从《承购协议》第14.2条仲裁协议上下文及各方当事人对此的解读分析,关于仲裁地点在中国上海,当事人各方并无分歧。关于准据法,各方当事人又均确认为中国法律。中国《仲裁法》第16条规定,仲裁协议应当具有下列内容:(1)请求仲裁的意思表示;(2)仲裁事项;(3)选定的仲裁委员会。案涉仲裁协议有请求仲裁的意思表示,约定了仲裁事项,并选定了明确具体的仲裁机构——SIAC,应认定有效。对于被申请人有关我国仲裁法并未允许外国仲裁机构在国内仲裁的观点:第一,仲裁是当事人自愿解决争议的方法之一,就当事人自愿解决争议的实质而言,它不涉及我国仲裁市场是否开放的问题。外国仲裁机构在中国仲裁主要是指外国仲裁机构适用其仲裁规则将仲裁地点设在我国的情况。由此进行的仲裁是机构仲裁,而非中国在《纽约公约》中声明予以保留的临时仲裁。第二,中国最高人民法院发布的司法解释,具有法律效力。最高人民法院《关于司法解释工作的规定》中规定,司法解释的形式包括最高人民法院的批复。在《关于申请人安徽省××有限公司与被申请人BPAgnatiS. R. L申请确认仲裁协议效力案的请示的复函》(〔2013〕民四他字第13号)中,最高人民法院认为,该案仲裁条款符合我国《仲裁法》第16条仲裁协议有效的规定,应认定有效。该复函确认了涉外合同中约定发生争议由外国仲裁机构在国内仲裁如其约定符合我国《仲裁法》第16条的规定则为有效。第三,被申请人有关外国仲裁机构不得管理仲裁地点在国内的仲裁的观点,欠缺我国明令禁止性法律规定,且与国际商事仲裁发展趋势相悖。第四,对于具体案件,司法不能以立法不明为由拒绝裁判。然而,立法与司法应系相辅相成关系,被申请人有关我国仲裁法所指“仲裁委员会”的理解问题系立法层面有待解决和完善的问题。被申请人有关我国仲裁法在立法层面没有解决外国仲裁机构能否在我国进行仲裁的问题,并不能改变在司法层面最高人民法院前述司法解释的有效意思。被申请人的相关辩称意见过于局限于强调我国仲裁立法存在的不足,而忽视了相关司法解释的法律效力及我国司法在顺应国际商事仲裁发展趋势、弥补仲裁立法不足方面所取得的进步。综上所述,应确认申请人大成产业气体株式会社、申请人大成(广州)气体有限公司与被申请人普莱克斯(中国)投资有限公司之间依据《液态及气态产品承购协议》第14.2条、《液态及气态产品承购协议补充协议(一)》形成的仲裁协议有效,当事人为此发生争议,应提交SIAC根据其仲裁规则在仲裁地中国上海仲裁。

3. 仲裁协议有效案例三:仲裁条款独立性

广州中院2019年4月25日作出的联辉国际集团有限公司(以下简称联辉公司)、叶某伦申请确认仲裁协议效力民事裁定书[(2019)粤01民特448号]中,广州中院认为,申请人联辉公司是香港特别行政区企业,叶某华、叶某伦均为香港特别行政区居民,涉案仲裁协议为涉香港特别行政区仲裁协议,应参照对涉外仲裁协议效力进行审查……关于联辉公司、叶某华、叶某伦主张因《增资协议》未生效,故《增资补充协议一》也未生效,从而《增资补充协议一》中的仲裁条款也无效的问题,根据我国《仲裁法》第

19 条第 1 款"仲裁协议独立存在,合同的变更、解除、终止或者无效,不影响仲裁协议的效力"和《仲裁法司法解释》第 10 条第 1 款"合同成立后未生效或者被撤销的,仲裁协议效力的认定应适用仲裁法第十九条第一款的规定"之规定,《增资补充协议一》中的仲裁条款的效力是独立存在,不受《增资补充协议一》是否生效的影响。且 2016 年 6 月 16 日的《增资协议》是否生效、6 月 16 日的《增资协议》与《增资补充协议一》的关系,属于案件事实的认定范畴,广州中院对此不作审查。综上,联辉公司、叶某华、叶某伦主张《增资补充协议一》的仲裁条款无效、广州仲裁委对该案无权管辖,理由不成立,不予支持。

4. 仲裁协议有效案例四:合同转让情形下的仲裁条款继受

上海市第二中级人民法院(以下简称上海二中院)2020 年 10 月 30 日作出的码扬(上海)微电子科技有限公司与艾思投资股份有限公司申请确认仲裁协议效力特别程序民事裁定书[(2020)沪 02 民特 527 号]中,上海二中院认为,虽艾思公司确非《股权认购协议》签订之初的当事人,但根据《股权认购协议》约定,伊西多雷斯投资有限公司(Isidores Investments Limited)可将该协议项下的权利和义务转移给其指定人士。此后,伊西多雷斯投资有限公司将艾思公司为其指定人士的情况告知《股权认购协议》各方当事人,故艾思公司已成为《股权认购协议》的当事人。根据《股权认购协议》第 11.2 条的约定,由该协议引起或与之相关的任何争议、争端或索赔等,均应提交上海国际经济贸易仲裁委员会(上海国际仲裁中心)。此外,从《增资协议》的内容来看,其与《股权认购协议》有高度关联,系为履行《股权认购协议》而签订的后续协议。由《增资协议》产生的争议理应属于与《股权认购协议》相关的争议。且《增资协议》关于争议解决方式的约定与《股权认购协议》相同，均为提交上海国际经济贸易仲裁委员会（上海国际仲裁中心）仲裁，故艾思公司与码扬公司因《股权认购协议》《增资协议》所产生的争议均受上述两协议项下仲裁条款的约束，应由上海国际经济贸易仲裁委员会（上海国际仲裁中心）仲裁解决。

5. 仲裁协议有效案例五：仲裁地法律规定

郑州市中级人民法院（以下简称郑州中院）2019 年 8 月 26 日作出的河南康辉航空科技有限公司（以下简称康辉公司）、捷星太平洋航空股份有限公司（以下简称捷星公司）申请确认仲裁协议效力民事裁定书［（2019）豫 01 民特 18 号］中，郑州中院认为，该案康辉公司和捷星公司仅约定合同适用越南法律，虽然双方没有明确约定确认仲裁条款效力适用的法律，但是约定了仲裁地在越南，因此，确认合同中仲裁条款的效力适用仲裁地法律即越南法律。申请人康辉公司依据越南《商业仲裁法》（2003 年 2 月 25 日 PL—UBTVQH11/2003/02 号）第 10 条请求确认其与捷星公司在合同中约定的仲裁条款无效，但越南已于 2010 年 6 月 17 日颁布越南《商事仲裁法》，该法自 2011 年 1 月 1 日起施行，有关商事仲裁的第 03/2003/PL-UBTVQH11 号条例自该法生效之日起不再适用，案涉合同于 2017 年 7 月 17 日签订，故该案仲裁条款效力审查应依据越南《商事仲裁法》（2010 年）。根据越南《商业仲裁法》（2010 年）的规定，当事人已经有仲裁协议但没有明确写明仲裁机构、仲裁形式或者具体仲裁机构的，并不必然导致仲裁协议无效。因此,申请人康辉公司请求确认仲裁条款无效的理由不能成立,法院不予支持。

6. 仲裁协议有效案例六:仲裁机构能够确定

北京四中院在2015年10月10日作出的(2015)四中民(商)特字第00227号案裁决中认为,该合同第11条约定发生争议向中国贸易仲裁委员会北京分会提起仲裁解决。该案仲裁条款中约定的仲裁机构“中国贸易仲裁委员会北京分会”虽然与“中国国际经济贸易仲裁委员会”存有差异,但根据当事人订立合同之时的意思表示,可以推定当事人的真实意思表示是选择贸仲作为仲裁机构,且中海外公司与深圳公司亦未举证证明存在与“中国贸易仲裁委员会北京分会”名称相近的其他仲裁机构,该案仲裁条款约定的仲裁机构名称并不会产生该案应由北京仲裁委员会、中国海事仲裁委员会或其他仲裁机构受理的理解。根据《仲裁法司法解释》第3条的规定,“仲裁协议约定的仲裁机构名称不准确,但能够确定具体的仲裁机构的,应当认定选定了仲裁机构”。所以该案仲裁条款选定了仲裁委员会即贸仲。

类似地,深圳市中级人民法院(以下简称深圳中院)2016年9月27日作出的艾文有限责任公司(AVIN,LLC)与深圳市朝日彩阳电子有限公司申请确认仲裁协议效力一审民事裁定书[(2016)粤03民初1177号案]中,深圳中院认为,仲裁协议约定的仲裁机构为“Shenzhen International Arbitration Commission”,而深圳有两个仲裁机构:一个仲裁机构是深圳仲裁委员会,其英文名称为“Shenzhen Arbitration Commission”,另一个仲裁机构为华南国际经济贸易仲裁委员会(又名深圳国际仲裁院),其中,深圳国际仲裁院的英文名称为“Shenzhen Court of International Arbitration”,仲裁协议约定的仲裁机构与深圳现有两个仲裁机构的英文名称并不完全相同。根据《仲裁法司法解释》第3条的规定,“仲裁协议约定仲裁机构名称不准确,但能够确定具体的仲裁机构的,应当认定选定了仲裁机构”。深圳现有两个仲裁机构英文名称的显著区别在于“International”这个词语,仲裁协议约定的仲裁机构名称“Shenzhen International Arbitration Commission”与深圳国际仲裁院的英文名称“Shenzhen Court of International Arbitration”较相似,能够判断确定仲裁协议约定的仲裁机构为深圳国际仲裁院。

7. 仲裁协议有效案例七:针对不同事项约定争议解决机制

北京四中院2018年3月19日作出的正得投资有限公司(Truetech Investments Limited)申请确认仲裁协议效力民事裁定书[(2017)京04民特28号案]中,申请人认为,基于涉案仲裁条款的“或裁或审”性质,且争议解决机构既约定了香港特别行政区法院又涉及贸仲,故应认定涉案合同中约定的仲裁条款无效。北京四中院认为,根据《股份转让合同》第12.2条的约定,“甲、乙双方如对合同的履行有任何争议,应通过友好协商解决;若协商不成,任何一方均可向我国香港特别行政区司法机关提起诉讼或仲裁进行解决,有关裁决对双方有法律约束力。若有涉及中国内地财产保全的争议事项,如香港特别行政区法院没有权力进行审理或协调的情况下,双方同意贸仲作为进行仲裁裁决和处理争议的仲裁机构”。该约定系签约各方真实意思表示,对有涉及中国内地财产保全的争议事项双方同意贸仲作为进行仲裁裁决和处理争议的仲裁机构,属于约定明确。故贸仲系双方约定的仲裁机构,涉案仲裁协议应认定有效。

8. 仲裁协议无效案例一:申请人未签署仲裁协议也无仲裁条款的继受情形

深圳中院 2020 年 3 月 20 日作出的王某金申请确认仲裁协议效力民事裁定书[(2018)粤 03 民特 507 号]中,深圳中院认为,该案系申请确认涉外仲裁协议效力纠纷案件,因当事人没有约定仲裁协议效力的准据法,根据《涉外民事关系法律适用法》第 18 条的规定,该案适用中国法律确定仲裁协议效力……确认仲裁协议是否存在是确认仲裁协议效力的前提,因此确认仲裁协议效力必然包含对仲裁协议是否存在的审查,故钟某威的申请属于该案的审查范围。王某金以涉案《协议书》中的仲裁条款为依据提起仲裁,但钟某威未在《协议书》上签字盖章,也无证据证明钟某威与王某金以其他书面形式达成将涉案纠纷提交仲裁裁决的合意,应当认定钟某威与王某金之间不存在仲裁协议。关于王某金主张,钟某威已实际履行了该协议书,钟某威与王某金之间的合同已成立,故《协议书》中的仲裁条款可以约束钟某威。深圳中院认为,首先,钟某威并不认可其履行了《协议书》,并主张与王某金之间存在另外的股权转让关系,钟某威已向北京四中院起诉请求王某金支付股权转让款。其次,根据《仲裁法》第 16 条的规定,仲裁条款必须以书面形式订立,当事人的默示行为不能构成仲裁的意思表示。即使钟某威系依据江某年的指示将登记在其名下的股票转让给了王某金,也不能认定其有通过仲裁解决争议的意思表示,履行行为不能推定为接受仲裁条款的约束,故钟某威不受《协议书》中仲裁条款的约束。综上,深圳中院裁定《债务偿还及相关安排之协议书》中约定的仲裁条款对钟某威无效。

9. 仲裁协议无效案例二:签字人无权代理也不构成表见代理

广州中院 2017 年 7 月 4 日作出的张某年与关某雯、潘某仪、广州裕丰咨询顾问有限公司、区某行申请确认仲裁协议效力 2013 仲异 50 特别程序民事裁定书[(2013)穗中法仲异字第 50 号]中,广州中院认为,因申请人张某年、关某雯均为美国公民,该案系确认涉外仲裁协议效力案件。由于各方当事人并未协议选择确定案涉仲裁协议效力应适用的法律,也未约定仲裁地,只约定将争议“提交广州仲裁委员会仲裁”,依照《涉外民事关系法律适用法》第 18 条“当事人可以协议选择仲裁协议适用的法律。当事人没有选择的,适用仲裁机构所在地法律或者仲裁地法律”的规定,对该案涉外仲裁协议的效力审查,应适用仲裁机构所在地法律,即中国法律……《存量房屋买卖合同》载明的签订时间为 2012 年 9 月 19 日,而在此之前,区某行并没有获得张某年、关某雯关于签署房屋买卖合同中仲裁条款的概括授权或特别授权;在上述合同签订后,张某年、关某雯也没有对区某行代为作出的仲裁意思表示予以追认。张某年、关某雯于 2012 年 9 月 20 日出具的《协议书及收款收据》仅涉及出售房屋的意思、价款、定金交付等事项,没有以仲裁方式解决合同争议的意思表示。另外,从《协议书及收款收据》的文字表述来看,张某年、关某雯没有对区某行代其作出将合同争议提交仲裁的意思表示予以追认。从该案合同的签署情况来看,现有证据不能证明该案存在足以使潘某仪信赖区某行有权代理为仲裁意思表示的情形。因此,张某年、关某雯并非案涉仲裁条款的当事人,其请求案涉仲裁条款对其二人不具有约束力合法有据,应予支持。

10. 仲裁协议无效案例三:仲裁机构约定不明也未达成补充协议

北京四中院2016年7月28日作出的北京新中和信业医药投资有限公司(以下简称新中和公司)与李某丽申请确认仲裁协议效力一审民事裁定书[(2016)京04民特12号]中,北京四中院认为,该案系申请确认涉外仲裁协议效力案件。该案的争议焦点为仲裁委员会的选定是否明确。《协议书》第7条约定,在履行过程中如发生争议,应在北京仲裁机关仲裁。新中和公司认为,双方约定的"北京仲裁机关"应视为"北京仲裁委员会",据此可以明确双方选定的仲裁机构。李某丽认为,"北京仲裁机关"前面的介词是"在",此处约定的"北京"应表示地域。经查,双方当事人未约定确定仲裁条款效力所适用的法律,亦未约定仲裁地,应当根据法院地即中国的法律来判断仲裁条款的效力。根据《仲裁法》第16条第2款、第18条之规定,双方当事人选定的仲裁委员会"北京仲裁机关"并不存在,且其与"北京仲裁委员会"的名称亦不相同。除"北京仲裁委员会"外,北京还有"中国国际经济贸易仲裁委员会""中国海事仲裁委员会"二家仲裁机构,因此"北京仲裁机关"不能明确双方选定的唯一仲裁机构,该案系对仲裁机构的选择约定不明确,且双方未提交已就仲裁机构达成补充协议的证据,故对于新中和公司请求确认仲裁协议有效的申请,北京四中院不予支持。

11. 仲裁协议无效案例四:仲裁条款已被修改,原条款对当事人无效

北京四中院2018年1月29日作出的哈维斯特公司(Harvest Trade Investments Limited)等申请确认仲裁协议效力民事裁定书[(2016)京04民特39号]中,北京四中院认为,该案系申请确认涉外仲裁协议效力的案件……该案所涉2005年协议第6条约定的争议解决条款,没有约定适用的法律及仲裁地点,因此,该案应适用法院地法即中国法律审查案涉仲裁协议效力……在该案中,2005年协议为广州华商贸、华顺达置业有限公司、哈维斯特公司三方签订,协议约定三方之间关于借款事宜的纠纷交由贸仲仲裁。广州华商贸虽对2005年协议中仲裁条款的真实性提出异议,但未能提供初步证据证明2005年协议系伪造或者存在《仲裁法》第17条、第18条规定的无效情形,不能得出2005年协议中的仲裁条款不存在或者无效的结论。2005年协议签订后,广州华商贸与哈维斯特公司又于2006年签订了2006年协议,约定双方之间相关争议交由广州仲裁委员会仲裁。因此,即使2005年协议真实存在,广州华商贸与哈维斯特公司也已对解决双方之间相关争议的仲裁机构重新达成合意。对于双方来说,2005年协议中的仲裁条款因被2006年协议中的仲裁条款替代而对双方不再具有约束力。

三、人民法院对中国内地（大陆）仲裁机构作出的涉外、涉我国港澳台地区仲裁裁决的撤销和不予执行

(一)整体概览

1. 撤销和不予执行率抽样统计

调研小组在“申请撤销仲裁裁决”案由项下通过威科先行法律信息库分别检索“《民事诉讼法》第二百七十四条”①和“《民事诉讼法》第二百五十八条”,②同时检索“申请执行涉外、涉我国港澳台地区仲裁裁决”案由,共筛选出416件与申请撤销或不予执行国内仲裁机构作出的涉外、涉我国港澳台地区仲裁裁决相关的案件,时间跨度为2009年2月至2022年5月。在检索到的案例中,7件被撤销,1件因仲裁裁决被撤销而终止执行,撤裁和不予执行率约为2%(见图6-9)。

① 《仲裁司法审查规定》第17条第2款规定:“人民法院对申请执行我国内地仲裁机构作出的涉外仲裁裁决案件的审查,适用《中华人民共和国民事诉讼法》第二百七十四条(现为第281条)的规定。”

② 《仲裁法》第70条规定:“当事人提出证据证明涉外仲裁裁决有民事诉讼法第二百五十八条(现为第281条)第一款规定的情形之一的,经人民法院组成合议庭审查核实,裁定撤销。”第71条规定:“被申请人提出证据证明涉外仲裁裁决有民事诉讼法第二百五十八条(现为第281条)第一款规定的情形之一的,经人民法院组成合议庭审查核实,裁定不予执行。”

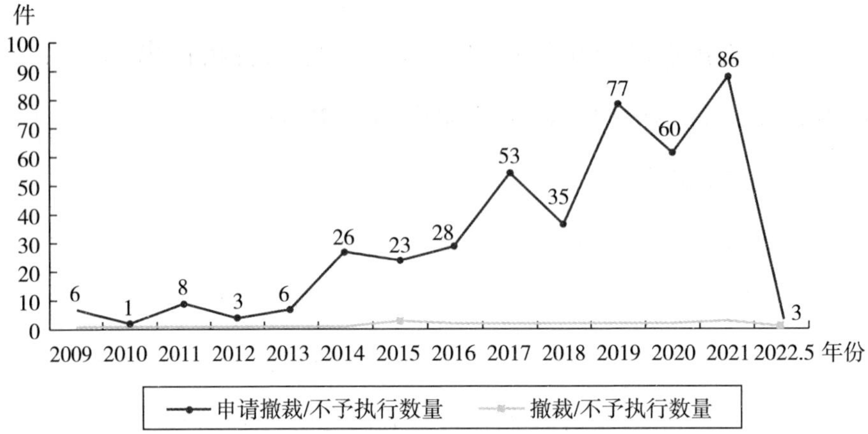

图 6－9 撤销/不予执行涉外、涉我国港澳台地区仲裁裁决抽样统计

2. 审查法院

《仲裁法》第 58 条规定,当事人提出证据证明裁决有下列情形之一的,可以向仲裁委员会所在地的中级人民法院申请撤销裁决:(1)没有仲裁协议的;(2)裁决的事项不属于仲裁协议的范围或者仲裁委员会无权仲裁的;(3)仲裁庭的组成或者仲裁的程序违反法定程序的;(4)裁决所根据的证据是伪造的;(5)对方当事人隐瞒了足以影响公正裁决的证据的;(6)仲裁员在仲裁该案时有索贿受贿,徇私舞弊,枉法裁决行为的。人民法院经组成合议庭审查核实裁决有前款规定情形之一的,应当裁定撤销。人民法院认定该裁决违背社会公共利益的,应当裁定撤销。

最高人民法院《关于人民法院撤销涉外仲裁裁决有关事项的通知》第 1 条规定,凡一方当事人按照仲裁法的规定向人民法院申请撤销我国涉外仲裁裁决,如果人民法院经审查认为涉外仲裁裁决具有 2007 年《民事诉讼法》第258条第1款(现第281条)规定的情形之一的,在裁定撤销裁决或通知仲裁庭重新仲裁之前,须报请本辖区所属高级人民法院进行审查。如果高级人民法院同意撤销裁决或通知仲裁庭重新仲裁,应将其审查意见报最高人民法院。待最高人民法院答复后,方可裁定撤销裁决或通知仲裁庭重新仲裁。

2021年《民事诉讼法》第280条规定,经中华人民共和国涉外仲裁机构裁决的,当事人不得向人民法院起诉。一方当事人不履行仲裁裁决的,对方当事人可以向被申请人住所地或者财产所在地的中级人民法院申请执行。第281条规定,对中华人民共和国涉外仲裁机构作出的裁决,被申请人提出证据证明仲裁裁决有下列情形之一的,经人民法院组成合议庭审查核实,裁定不予执行:(1)当事人在合同中没有订有仲裁条款或者事后没有达成书面仲裁协议的;(2)被申请人没有得到指定仲裁员或者进行仲裁程序的通知,或者由于其他不属于被申请人负责的原因未能陈述意见的;(3)仲裁庭的组成或者仲裁的程序与仲裁规则不符的;(4)裁决的事项不属于仲裁协议的范围或者仲裁机构无权仲裁的。人民法院认定执行该裁决违背社会公共利益的,裁定不予执行。

根据以上规定,涉外、涉我国港澳台地区仲裁裁决的撤销和不予执行可能涉及仲裁委员会所在地的中级人民法院、高级人民法院、最高人民法院,以及被执行人住所地或者财产所在地的中级人民法院。在现有统计案例中,审查法院分布情况如图6-10、图6-11所示。

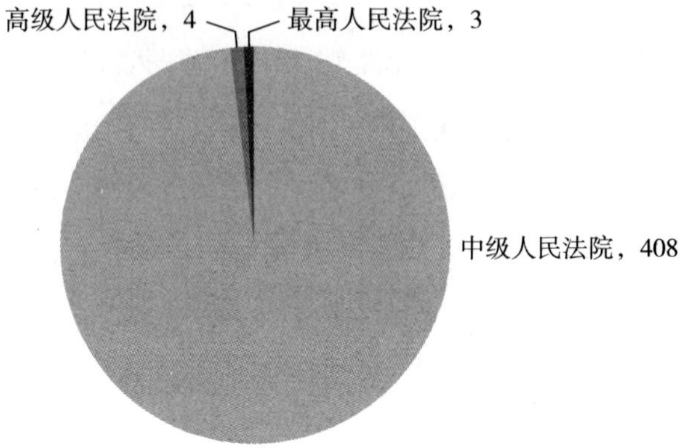

图6－10　涉外、涉我国港澳台地区仲裁裁决审查法院级别(单位:件)

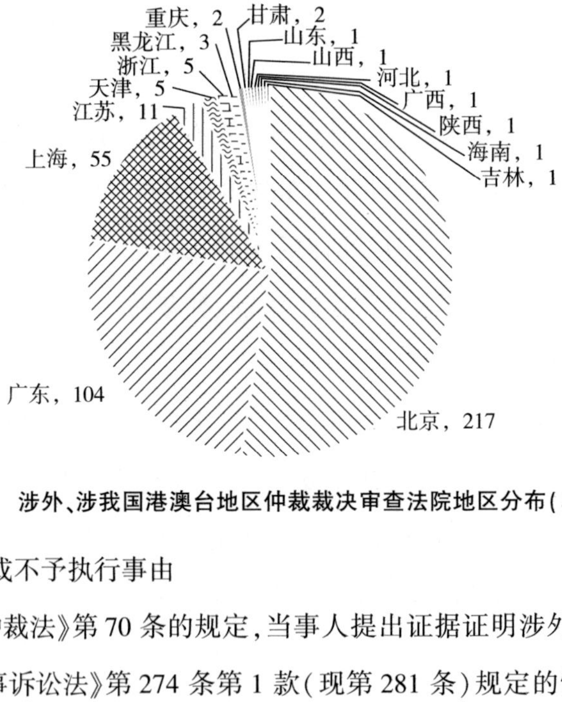

图6－11　涉外、涉我国港澳台地区仲裁裁决审查法院地区分布(单位:件)

3. 撤销或不予执行事由

根据《仲裁法》第70条的规定，当事人提出证据证明涉外仲裁裁决有2017年《民事诉讼法》第274条第1款(现第281条)规定的情形之一的，经人民法院审查核实,裁定撤销。

2021 年《民事诉讼法》第 281 条第 1 款规定,对中华人民共和国涉外仲裁机构作出的裁决,被申请人提出证据证明仲裁裁决有下列情形之一的,经人民法院组成合议庭审查核实,裁定不予执行:(1)当事人在合同中没有订有仲裁条款或者事后没有达成书面仲裁协议的;(2)被申请人没有得到指定仲裁员或者进行仲裁程序的通知,或者由于其他不属于被申请人负责的原因未能陈述意见的;(3)仲裁庭的组成或者仲裁的程序与仲裁规则不符的;(4)裁决的事项不属于仲裁协议的范围或者仲裁机构无权仲裁的。人民法院认定执行该裁决违背社会公共利益的,裁定不予执行。

将前述涉外、涉我国港澳台地区仲裁裁决的撤销和不予执行事由与《仲裁法》第 58 条有关国内仲裁裁决的撤销事由相比可知,人民法院对国内仲裁裁决的审理既包括程序问题,也包括证据问题(裁决所根据的证据是伪造的、对方当事人隐瞒了足以影响公正裁决的证据);而人民法院对涉外、涉我国港澳台地区仲裁裁决的审理只审查程序问题,不涉及证据问题。另外,对国内仲裁裁决的撤销强调违反法定程序,而对涉外、涉我国港澳台地区仲裁裁决的审查强调了仲裁规则,即仲裁庭的组成或者仲裁的程序是否符合仲裁规则。

从统计案例来看,撤裁的主要理由如图 6-12 所示。

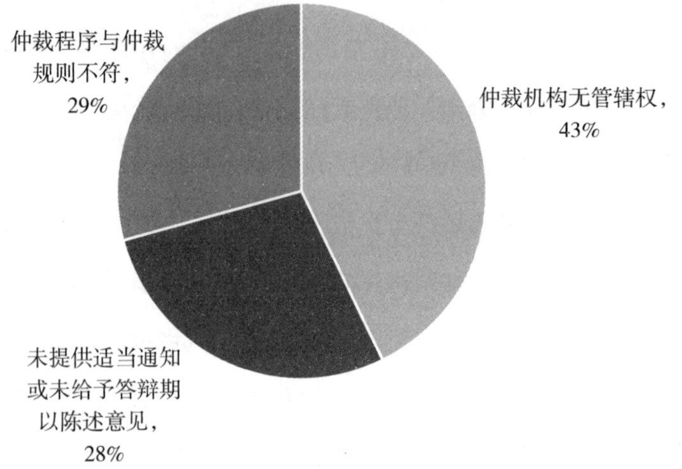

图 6－12　撤销涉外、涉我国港澳台地区仲裁裁决事由

(二)司法审查案例

1. 仲裁裁决撤销案例一：仲裁机构无权仲裁

2021 年 1 月 25 日，深圳中院针对(2019)粤 03 民特 536 号“中矿资源集团股份有限公司申请撤销仲裁裁决案”作出裁定认为，2015 年 7 月 17 日起施行的最高人民法院《关于对上海市高级人民法院等就涉及中国国际经济贸易仲裁委员会及其原分会等仲裁机构所作仲裁裁决司法审查案件请示问题的批复》第 1 条第 2 款规定：“当事人在华南贸仲更名为华南国际经济贸易仲裁委员会、上海贸仲更名为上海国际经济贸易仲裁委员会之后(含更名之日)本批复施行之前签订仲裁协议约定将争议提交‘中国国际经济贸易仲裁委员会华南分会’或者‘中国国际经济贸易仲裁委员会上海分会’仲裁的，中国贸仲对案件享有管辖权。但申请人向华南贸仲或者上海贸仲申请仲裁,被申请人对华南贸仲或者上海贸仲的管辖权没有提出异议的,当事人在仲裁裁决作出后以华南贸仲或者上海贸仲无权仲裁为由申请撤销或者不予执行仲裁裁决的,人民法院不予支持。"根据广东省高级人民法院《关于申请人佛山市顺德区深业房地产案公司申请确认仲裁协议效力一案请示的复函》(〔2016〕粤民他 25 号),华南贸仲的更名时间为其领取单位名称"华南国际经济贸易仲裁委员会(深圳国际仲裁院)"的实业单位法人证书之日即 2012 年 10 月 25 日。涉案《技术服务合同》签订于 2013 年 3 月 8 日,属于当事人在华南贸仲更名为"华南国际经济贸易仲裁委员会"之后、上述批复施行之前签订仲裁协议约定将争议提交"中国国际经济贸易仲裁委员会华南分会"仲裁的情形,贸仲对该合同纠纷案件享有管辖权。因中印矿业公司在涉案仲裁首次开庭前对深圳国际仲裁院的管辖权提出了异议,故深圳国际仲裁院(华南国际经济贸易仲裁委员会)对中印矿业公司与中矿资源公司之间《技术服务合同》纠纷无权仲裁。综上,经向广东省高级人民法院报核,依照 2017 年《民事诉讼法》第 274 条(现第 281 条)第 1 款第 4 项的规定,裁定撤销深圳国际仲裁院(华南国际经济贸易仲裁委员会)作出的华南国仲深裁[2018]X 号裁决。

与此类似,2015 年 12 月 23 日,北京市第二中级人民法院(以下简称北京二中院)针对(2015)二中民特字第 00429 号"倪某宝等与苏达尔投资有限责任公司申请撤销仲裁裁决案"作出裁定认为:苏达尔(SOUDAL)公司及倪某宝依据涉案同一合同中的仲裁条款,就同一合同履行中产生的争议分别向贸仲和上海国际经济贸易仲裁委员会(原中国国际经济贸易仲裁委员会上海分会,以下简称上海贸仲)申请仲裁。该情形属于最高人民法院《关于确认仲裁协议效力几个问题的批复》(以下简称《批复》)第4条规定的贸仲和上海贸仲均受理了同一仲裁案件的情形。由于倪某宝、刘某莲在仲裁庭首次开庭前向上海二中院申请确认仲裁协议效力,法院应当对涉案仲裁协议的效力及仲裁庭的管辖权问题作出认定。SOUDAL公司与倪某宝、刘某莲签订仲裁协议的时间为2010年7月8日,系在上海贸仲更名之前,根据《批复》第1条第1款的规定,上海贸仲对涉案争议享有管辖权。且上海二中院已于2014年12月31日作出(2012)沪二中民认(仲协)字第5号民事裁定书,明确作出了涉案争议应由仲裁协议约定的上海贸仲受理的认定。故对涉案争议中国贸仲不享有管辖权,无权仲裁。因此,裁定撤销贸仲于2014年6月9日作出的(2014)中国贸仲京(沪)裁字第067号裁决。

2. 仲裁裁决撤销案例二:违反“一裁终局”

2020年4月27日,北京四中院针对(2017)京04民特39号“中国石化集团国际石油勘探开发有限公司(以下简称国勘公司)与UNI-TOP公司申请撤销仲裁裁决案”作出裁定认为,《仲裁法》第9条规定:“仲裁实行一裁终局的制度。裁决作出后,当事人就同一纠纷再申请仲裁或者向人民法院起诉的,仲裁委员会或者人民法院不予受理。裁决被人民法院依法裁定撤销或者不予执行的,当事人就该纠纷可以根据双方重新达成的仲裁协议申请仲裁,也可以向人民法院起诉。”依据该条规定,仲裁实行“一裁终局”制度,即对于“同一纠纷”,仲裁审理并作出裁决后,不再受理当事人基于该纠纷的仲裁申请,其核心是对“同一纠纷”的判断。对此,可以参照

2022年最高人民法院《关于适用〈中华人民共和国民事诉讼法〉的解释》第247条关于“一事不再理”原则及判断标准的规定,从当事人、诉讼标的、仲裁请求三个方面予以分析认定。首先,就两案是否属于“同一纠纷”分析如下:第一,关于当事人,前案裁决与该案裁决的当事人相同,均为UNI-TOP公司和中国石化集团国际石油勘探开发有限公司。第二,关于争议标的,两案的争议标的相同。在两个仲裁案件中,UNI-TOP公司的请求所依据的均是其与国勘公司于2005年3月4日签订的《代理协议》以及后来签订的《延期协议》《补充协议》,均属于委托合同关系。第三,关于仲裁请求,两案的仲裁请求基本一致。UNI-TOP公司在前后两案的仲裁请求中,核心内容均是要求国勘公司支付《代理协议》项下的酬金2154万美元、相应的利息及预期利益损失。其次,UNI-TOP公司所称的国勘公司怠于追索相关权益的情况是否属于“新的事实”。是否属于“新事实”,按照民事诉讼法的相应标准,主要看该“新事实”是否具有在当事人之间产生“权利义务”的法律效果,并且基于该“新事实”所产生的权利义务不受前案判决效力的约束。参照上述标准来看,在该案中,依照《代理协议》的约定,酬金支付条件就是合同的履行条件,该条件是“在国勘公司确定的心理价位范围内完成交易”。关于“完成交易”的客观标准,生效的前案裁决已确认:国勘公司“实际取得”了PK公司股权或其他权益。由于该案中不存在附条件的法律行为,所以不涉及条件成就问题,也就不存在条件成就与不成就的“拟制情形”。国勘公司至今并未“实际取得”PK公司的股权或相关其他权益,前案裁决后,UNI-TOP公司与国勘公司之间的“权利义务”并无新的变化。所以前案裁决后并无“新的事实”。最后,两案是否属于《仲裁法》中规定的“同一纠纷”,根据案件当事人、争议标的、仲裁请求等进行程序性审查即可作出判断,并不属于案件实体审理范围。综上,从上述情形看,两案应属于“同一纠纷”,但贸仲分别于 2013 年 12 月 30 日和 2017 年 6 月 30 日作出了两次裁决,该情形明显违反了《仲裁法》第 9 条规定的“一裁终局”制度,应当予以撤销。按照《最高人民法院关于仲裁司法审查案件报核问题的有关规定》的规定,北京四中院就该案裁决拟撤销的意见向北京市高级人民法院进行了报核,北京市高级人民法院按照规定向最高人民法院进行了报核。最高人民法院审核后作出《关于中国石化集团国际石油勘探开发有限公司申请撤销中国国际经济贸易仲裁委员会仲裁裁决一案请示的复函》,答复如下:

首先,根据请示报告所述事实,2012 年 8 月 30 日,UNI-TOP 公司向贸仲申请仲裁,请求裁决国勘公司支付代理酬金、逾期利息损失以及逾期利益损失;国勘公司继续履行《代理协议》;由 UNI-TOP 公司享有 PK 公司在中国以外地区销售原油的代理权。贸仲于 2013 年 12 月 30 日作出裁决,驳回了 UNI-TOP 公司的全部仲裁请求。2015 年 9 月 30 日,UNI-TOP 公司再次向贸仲提起仲裁,贸仲予以受理,并作出该案裁决。贸仲前后两次仲裁裁决所涉当事人相同、争议标的相同、仲裁请求相同,属于同一纠纷。《仲裁法》第 9 条规定:“仲裁实行一裁终局的制度。裁决作出后,当事人就同一纠纷再申请仲裁或者向人民法院起诉的,仲裁委员会或者人民法院不予受理。”贸仲对同一纠纷进行了两次裁决的行为,违反了“一裁终局”

的法律制度。

其次,国勘公司未取得PK公司股权这一客观状态的延续并未使任何一方的权利义务产生新的变化,故UNI-TOP公司所称的“国勘公司怠于追索相关权益”的情况并不属于“新的事实”。最高人民法院《关于适用〈中华人民共和国民事诉讼法〉的解释》第248条关于“裁判发生法律效力后,发生新的事实,当事人再次提起诉讼的,人民法院应当依法受理”的规定,针对的是民事诉讼程序,不适用于仲裁程序。《仲裁法》并未规定仲裁机构有权在发生“新的事实”后再次仲裁。综上,依据《仲裁法》第9条、第70条和2017年《民事诉讼法》第274条(现第281条)第1款第4项的规定,该案仲裁裁决应予撤销。综上,贸仲作出的〔2017〕中国贸仲京裁字第0836号裁决违反了《仲裁法》第9条规定的“一裁终局”制度,符合《民事诉讼法》第274条(现第281条)第1款第4项规定的“裁决的事项不属于仲裁协议的范围或者仲裁机构无权仲裁的”情形。

【案例比较——未违反“一裁终局”】最高院〔2003〕执他字第9号复函中,针对“澳门大明集团有限公司(以下简称澳门大明公司)与广州市东建实业总公司(以下简称广州东建公司)合作开发房地产纠纷仲裁裁决执行案”,最高人民法院认为,该案双方当事人在合同中有关合作合同的争议提交贸仲仲裁的约定,应当理解为双方选择的仲裁机构为贸仲,仲裁地点为北京。因此,根据澳门大明公司的申请,贸仲有权对该案在北京进行仲裁。至于此前广州东建公司将其争议的事项提交贸仲深圳分会在深圳进行仲裁,鉴于双方当事人对仲裁事项无异议,且深圳分会也是贸仲的分支机构,其仲裁在程序上并不违法,即可维持其管辖权的效力,但并不影响在北京进行的仲裁。因两个仲裁的申请人不同,请求裁决的内容和范围不同,且当事人对同一事项的法律权利不同,因此贸仲受理澳门大明公司的仲裁请求并不违反“一事不再理”的原则。同样,贸仲裁决支持澳门大明公司提出的解除两份协议书和合作合同的请求,与深圳分会裁决驳回广州东建公司提出的解除两份协议书的请求,因当事人各自基于解除协议的理由不同,并不矛盾,不会产生执行冲突。因此,该案不存在1991年《民事诉讼法》第260条(现第281条)规定的不予执行的事由,应当对贸仲在北京作出的裁决予以执行。

3. 仲裁裁决撤销案例三:未给予答辩期

2018年9月13日,广州中院针对(2018)粤01民特72号“刘某虹、冯某祺申请撤销仲裁裁决案”作出裁定认为:仲裁过程中冯某祺提出的仲裁请求确实是解除其与吴某均、程某荔签订的《广州市存量房买卖合同》,且仲裁庭审过程中,冯某祺拟变更该项仲裁请求为解除其与被申请人之间签订的《广州市存量房买卖合同》,刘某虹当即提出异议,并表示需要举证期和答辩期,而仲裁庭经合议并未接受该变更,但最终却裁决解除冯某祺与刘某虹之间签订的《广州市存量房买卖合同》,虽然该裁决是由仲裁庭根据其查明的案件事实对合同的主体予以认定之后作出,但客观上确实使刘某虹未对是否解除其与冯某祺签订的《广州市存量房买卖合同》进行答辩,仲裁庭实际上审理的是冯某祺变更之后的仲裁请求,但并未就该变更的仲裁请求给予刘某虹新的答辩期,违反了《仲裁规则》第20条的规定。

虽然刘某虹在仲裁庭审中明确表示对已经进行的庭前程序包括庭审程序并无异议,但仲裁庭是在之后作出裁决的过程中实际上审理了冯某祺变更之后的仲裁申请。因此,刘某虹在仲裁庭审过程中未提出异议,不应视为其放弃了对仲裁庭庭审之后的行为提出异议的权利。刘某虹据此提出,撤销案涉仲裁裁决的申请符合《仲裁法》第 70 条和 2017 年《民事诉讼法》第 274 条(现第 281 条)的规定,应予支持。

4. 仲裁裁决撤销案例四:其他程序违规

2017 年 11 月 23 日,长春市中级人民法院(以下简称长春中院)针对(2017)吉 01 民特 12 号"李某林、韩某田与吉林省吉电房地产开发有限责任公司申请撤销仲裁裁决案"作出裁定认为,该案中申请人李某林系澳门特别行政区永久性居民,相应的仲裁规则应参照涉外商事仲裁的特别规定,而在《长春仲裁委员会仲裁规则》第八章"国际(涉外)商事仲裁"的特别规定部分,对于仲裁庭的组成、开庭通知、法律适用等均存在不同于非涉外商事仲裁的一般规则,但是在长春市仲裁委员会审理长仲裁字[2016]第 334 号仲裁案件的过程中,并未依照"国际(涉外)商事仲裁"的特别规定的程序进行审理,影响了李某林的权利,因此,长仲裁字[2016]第 334 号仲裁程序存在违法之处。另外,长仲裁字[2016]第 334 号仲裁裁决书中列明李某林的委托代理人为韩某田,虽在裁决书中记载韩某田所委托的 3 位代理人为李某林转委托的代理人,但在裁决书中并无李某林其他委托代理人信息的记载,且无转委托授权委托手续存在。现在,两名申请人均否认仲裁程序中存在李某林委托代理人出庭,或韩某田为李某林转委托代理人出庭的前提下,仲裁程序中并无相应的委托代理手续予以证明,此亦为程序违法之处。

在(2013)穗中法仲审字第121号"杨某珠(Audrey Gee)与吴某锦、吴某均申请撤销仲裁裁决案"中,广州中院作出裁定认为:在吴某锦以朱某文、杨某珠、吴某均为被申请人向广州仲裁委员会申请仲裁之前,朱某文已经死亡。根据《广州仲裁委员会仲裁规则》第54条第1款第2项的规定,仲裁庭应中止仲裁,等待继承人参加仲裁程序。但在朱某文死亡的情况下,广州仲裁委员会对(2013)穗仲案字第342号"吴某锦与朱某文、杨某珠、吴某均房屋买卖合同争议仲裁案"并未中止仲裁而是径行作出了裁决,故应当认定案涉仲裁程序与仲裁规则不符,裁定撤销广州仲裁委员会(2013)穗仲案字第342号裁决。

四、人民法院对我国港澳台地区仲裁裁决的认可和执行

(一)整体概览

1. 中国内地与香港特别行政区的认可和执行安排

根据中国中央人民政府加入《纽约公约》的说明,《纽约公约》及中国中央人民政府在《纽约公约》下的声明适用于中国香港特别行政区和澳门特别行政区。[①]

① 载纽约公约网站,https://www.newyorkconvention.org/list+of+contracting+states,最后访问日期:2022年6月9日。

为了进一步促进我国香港特别行政区与内地仲裁裁决的相互认可和执行，最高人民法院于1999年制定并公布了最高人民法院《关于内地与香港特别行政区相互执行仲裁裁决的安排》（以下简称《内地—香港安排》），并于2000年通过法释〔2000〕3号文件进行修订，又于2020年发布最高人民法院《关于内地与香港特别行政区相互执行仲裁裁决的补充安排》（法释〔2020〕13号）。此外，最高人民法院还于2009年12月30日发布《关于香港仲裁裁决在内地执行的有关问题的通知》（法〔2009〕415号）。依据这些文件：

（1）在我国内地按《仲裁法》或者在香港特别行政区按香港特别行政区《仲裁条例》作出的仲裁裁决，一方当事人不履行仲裁裁决的，另一方当事人可以向被申请人住所地或者财产所在地的有关法院（我国内地为中级人民法院，香港特别行政区为香港特别行政区高等法院）申请认可和执行。有关法院接到申请人申请后，应当按执行地法律程序处理及执行。

（2）在我国内地或者香港特别行政区申请执行的仲裁裁决，被申请人接到通知后，提出证据证明有下列情形之一的，经审查核实，有关法院可裁定不予执行：

①仲裁协议当事人依对其适用的法律属于某种无行为能力的情形；或者该项仲裁协议依约定的准据法无效；或者未指明以何种法律为准时，依仲裁裁决地的法律是无效的。

②被申请人未接到指派仲裁员的适当通知，或者因故未能陈述意见的。

③裁决所处理的争议不是交付仲裁的标的或者不在仲裁协议条款之内,或者裁决载有关于交付仲裁范围以外事项的决定的;但交付仲裁事项的决定可与未交付仲裁的事项划分时,裁决中关于交付仲裁事项的决定部分应当予以执行。

④仲裁庭的组成或者仲裁庭程序与当事人之间的协议不符,或者在有关当事人没有这种协议时与仲裁地的法律不符的。

⑤裁决对当事人尚无约束力,或者业经仲裁地的法院或者按仲裁地的法律撤销或者停止执行的。

⑥有关法院认定依执行地法律,争议事项不能以仲裁解决的,则可不予执行该裁决。

⑦人民法院认定在中国内地执行该仲裁裁决违反内地社会公共利益,或者香港特别行政区法院决定在香港特别行政区执行该仲裁裁决违反香港特别行政区的公共政策,则可不予执行该裁决。

(3)当事人向人民法院申请执行在我国香港特别行政区作出的临时仲裁裁决、ICC 等国外仲裁机构在香港特别行政区作出的仲裁裁决的,人民法院应当按照《内地—香港安排》的规定进行审查。不存在前述规定的情形的,该仲裁裁决可以在内地得到执行。

在威科先行法律信息库中,以“认可和执行香港特别行政区仲裁裁决”为关键字进行全文检索并筛选,共有 47 件相关案件。其中,23 件予以认可和执行,15 件撤回申请,6 件涉及管辖,3 件不予认可和执行/驳回申请。抽样统计结果如图 6 – 13 所示。

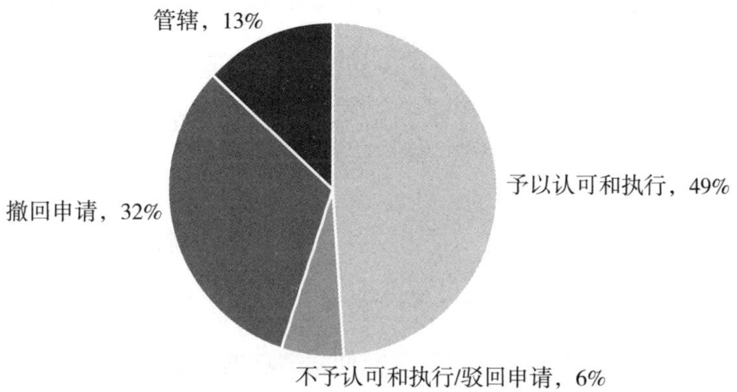

图 6－13 申请认可和执行香港特别行政区仲裁裁决抽样统计

2. 中国内地与澳门特别行政区的认可和执行安排

针对中国澳门特别行政区，最高人民法院于 2007 年发布了《关于内地与澳门特别行政区相互认可和执行仲裁裁决的安排》（法释〔2007〕17 号）。根据该安排的规定，在中国内地或者澳门特别行政区作出的仲裁裁决，一方当事人不履行的，另一方当事人可以向被申请人住所地、经常居住地或者财产所在地的有关法院申请认可和执行。其中，中国内地有权受理认可和执行仲裁裁决申请的法院为中级人民法院。澳门特别行政区有权受理认可仲裁裁决申请的法院为中级法院，有权执行的法院为初级法院。

对在中国内地或澳门特别行政区申请认可和执行的仲裁裁决，被申请人提出证据证明有下列情形之一的，经审查核实，有关法院可以裁定不予认可：

（1）仲裁协议一方当事人依对其适用的法律在订立仲裁协议时属于

无行为能力的;或者依当事人约定的准据法,或当事人没有约定适用的准据法而依仲裁地法律,该仲裁协议无效的。

(2)被申请人未接到选任仲裁员或者进行仲裁程序的适当通知,或者因他故未能陈述意见的。

(3)裁决所处理的争议不是提交仲裁的争议,或者不在仲裁协议范围之内;或者裁决载有超出当事人提交仲裁范围的事项的决定,但裁决中超出提交仲裁范围的事项的决定与提交仲裁事项的决定是可以分开的,裁决中关于提交仲裁事项的决定部分可以予以认可。

(4)仲裁庭的组成或者仲裁程序违反了当事人的约定,或者在当事人没有约定时与仲裁地的法律不符的。

(5)裁决对当事人尚无约束力,或者业经仲裁地的法院撤销或者拒绝执行的。

(6)有关法院认定,依执行地法律,争议事项不能以仲裁解决的,不予认可和执行该裁决。

(7)人民法院认定在中国内地认可和执行该仲裁裁决违反中国法律的基本原则或者社会公共利益,澳门特别行政区法院认定在澳门特别行政区认可和执行该仲裁裁决违反澳门特别行政区法律的基本原则或者公共秩序,不予认可和执行该裁决。

3. 中国台湾地区仲裁裁决的认可和执行

中国大陆与我国台湾地区尚无双向认可和执行安排。最高人民法院于2015年6月2日发布了《关于认可和执行台湾地区仲裁裁决的规定》

(法释〔2015〕14号)。依据该规定,针对常设仲裁机构及临时仲裁庭在中国台湾地区按照中国台湾地区仲裁规定就有关民商事争议作出的仲裁裁决(中国台湾地区仲裁裁决,包括仲裁判断、仲裁和解和仲裁调解),当事人可以作为申请人向人民法院申请认可和执行中国台湾地区的仲裁裁决。

申请人同时提出认可和执行中国台湾地区仲裁裁决申请的,人民法院先按照认可程序进行审查,裁定认可后,由人民法院执行机构执行。申请人直接申请执行的,人民法院应当告知其一并提交认可申请;坚持不申请认可的,裁定驳回其申请。

申请认可中国台湾地区仲裁裁决的案件,由申请人住所地、经常居住地或者被申请人住所地、经常居住地、财产所在地中级人民法院或者专门人民法院受理。

对申请认可和执行的仲裁裁决,被申请人提出证据证明有下列情形之一的,经审查核实,人民法院裁定不予认可:

(1)仲裁协议一方当事人依对其适用的法律在订立仲裁协议时属于无行为能力的;或者依当事人约定的准据法,或当事人没有约定适用的准据法而依据中国台湾地区的仲裁规定,该仲裁协议无效的;或者当事人之间没有达成书面仲裁协议的,但申请认可中国台湾地区仲裁调解的除外。

(2)被申请人未接到选任仲裁员或进行仲裁程序的适当通知,或者由于其他不可归责于被申请人的原因而未能陈述意见的。

(3)裁决所处理的争议不是提交仲裁的争议,或者不在仲裁协议范围之内;或者裁决载有超出当事人提交仲裁范围的事项的决定,但裁决中超出提交仲裁范围的事项的决定与提交仲裁事项的决定可以分开的,裁决中关于提交仲裁事项的决定部分可以予以认可。

(4)仲裁庭的组成或者仲裁程序违反当事人的约定,或者在当事人没有约定时与中国台湾地区仲裁规定不符的。

(5)裁决对当事人尚无约束力,或者业经中国台湾地区法院撤销或者驳回执行申请的。

(6)依据国家法律,该争议事项不能以仲裁解决的,或者认可该仲裁裁决将违反一个中国原则等国家法律的基本原则或损害社会公共利益的,人民法院应当裁定不予认可。

在威科先行法律信息库中,以“认可和执行中国台湾地区仲裁裁决”为关键字进行全文检索并筛选,共有3件案例,其中1件为撤回申请,其余2件均予以认可和执行。

(二)司法审查案例

1. 认可和执行中国香港特别行政区仲裁裁决案例

上海海事法院2020年7月14日作出(2020)沪72认港1号案民事裁定书中,上海海事法院认为,申请人申请承认与执行港仲作出的仲裁裁决,被申请人的住所地及可供执行的财产在本院辖区内,根据《内地—香港安排》第1条的规定,上海海事法院依法对该案享有管辖权,并应适用《民事诉讼法》及《内地—香港安排》的有关规定。

经审查，申请人已按照《内地—香港安排》第 3 条的规定向上海海事法院提交了申请书、经公证认证的仲裁裁决书及含有仲裁协议的《和解协议》。被申请人无任何证据证明该案存在《内地—香港安排》第 7 条规定的可不予执行的情形。故对申请人的请求，上海海事法院依法予以支持，对港仲于 2019 年 12 月 20 日作出的《最终仲裁裁决》和 2020 年 3 月 13 日作出的《关于评估费用的第二最终仲裁裁决》予以承认和执行。

2. 不予执行我国香港特别行政区仲裁裁决案例一：违反公共政策之法院已先期裁定仲裁条款无效

最高院〔2016〕最高法民他 8 号复函中，针对瑞士魏克股份公司（Wicor Holding AG）申请承认和执行 ICC 第 18295/CYK 号仲裁裁决（仲裁地为中国香港特别行政区），最高人民法院认为，下级人民法院在审理 Wicor Holding AG 与泰州浩普投资有限公司就同一《中外合资泰州华威绝缘材料有限公司合资合同》项下的另一纠纷时，于 2012 年 12 月 11 日作出（2012）苏商外辖终字第 0012 号民事裁定，认定涉案仲裁条款无效，该裁定已经发生法律效力。涉案仲裁裁决是仲裁员在认定涉案仲裁条款有效的前提下作出的，在我国内地执行该仲裁裁决将与人民法院的上述生效裁定相冲突，违反内地社会公共利益，人民法院可根据《内地—香港安排》第 7 条第 3 款的规定，裁定不予执行涉案仲裁裁决。

3. 不予执行我国香港特别行政区仲裁裁决案例二:仲裁协议无效

最高院〔2003〕民四他字第9号复函中,针对当事人申请不予执行港仲仲裁裁决,最高人民法院认为,安徽粮油食品进出口(集团)公司(以下简称安徽粮油公司)系海南高富瑞工贸有限公司(以下简称海南高富瑞公司)的股东。该案所涉合同是海南高富瑞公司总经理张某杰,利用其持有的安徽粮油公司派驻海南高富瑞公司任职人员的相关文件的便利,采取剪取、粘贴、复印、传真等手段,盗用安徽粮油公司圆形行政公章,以安徽粮油公司的名义与香港享进粮油食品有限公司(以下简称享进公司)签订的。由于张某杰没有得到安徽粮油公司的明确授权,而是采用违法的手段盗用其印章签订合同,且事后张某杰未告知安徽粮油公司,更未得到追认,根据当事人的属人法即我国内地相应的法律规定,张某杰无权代理安徽粮油公司签订合同,即其不具备以安徽粮油公司名义签订合同的行为能力;相应地,其亦不具有以安徽粮油公司名义签订合同中仲裁条款的行为能力。由于该案所涉仲裁协议是张某杰通过欺诈手段签订的,因此,根据该案仲裁地法即我国香港特别行政区的法律,该仲裁协议也应认定为无效。故根据《内地—香港安排》第7条第1款第1项的规定,应不予执行该案仲裁裁决。

4. 不予执行我国香港特别行政区仲裁裁决案例三:法院无管辖权

北京高院(2017)京民终217号“中联通信(控股)股份有限公司与威盛电子股份有限公司申请认可和执行香港特别行政区仲裁裁决案”中,北京市高级人民法院认为:根据《内地—香港安排》第1条的规定,在我国内地或者香港特别行政区作出的仲裁裁决,一方当事人不履行仲裁裁决的,另一方当事人可以向被申请人住所地或者财产所在地的有关法院申请执行。中联公司提出执行申请,应当证明接受申请的法院辖区内应当有被申请人可供执行的财产或被申请人住所地位于接受申请的法院辖区内。中联公司提出执行申请的依据为威盛中国公司名下北京市海淀区中关村东路1号院7号楼系威盛公司可供执行财产。但根据一审法院查明的证据,威盛公司100%控股 Viatechco,Ltd.(英属维尔京群岛威盛电子有限公司,以下简称威盛维尔京公司),威盛维尔京公司100%控股 Viatechnologies (HK) INC. Ltd.(威盛香港公司),威盛香港公司100%控股威盛中国公司。威盛中国公司系北京市海淀区中关村东路1号院7号楼(威盛大厦,建筑面积24,157.7平方米)的所有权人。威盛公司申请执行所依据的涉案财产所有权人登记为威盛中国公司,而公司登记显示,威盛公司与威盛中国公司之间并无直接控股关系,双方之间系间接投资关系。故根据现有证据,中联公司不能证明北京市辖区范围内存在被申请人威盛公司可供执行实施的财产,且被申请人威盛公司的住所地亦不在北京市,故一审法院不是被申请人威盛公司住所地或财产所在地的有关法院。因此,一审法院对该案没有管辖权中联公司的申请,不符合法律规定的受理条件,驳回上诉。

五、人民法院对外国仲裁裁决的承认和执行

(一)整体概览

1. 申请承认和执行外国仲裁裁决案件抽样统计

威科先行法律信息库中,在案由“申请承认和执行外国仲裁裁决”项下进行筛选,共有相关案件126件,时间跨度为2009年6月到2021年11月。其中,因提交立案材料不符合规定被驳回申请的案件有26起,不予承认和执行案件5起,涉管辖案件12起,撤回申请21起,承认和执行外国仲裁裁决62起(见图6-14)。

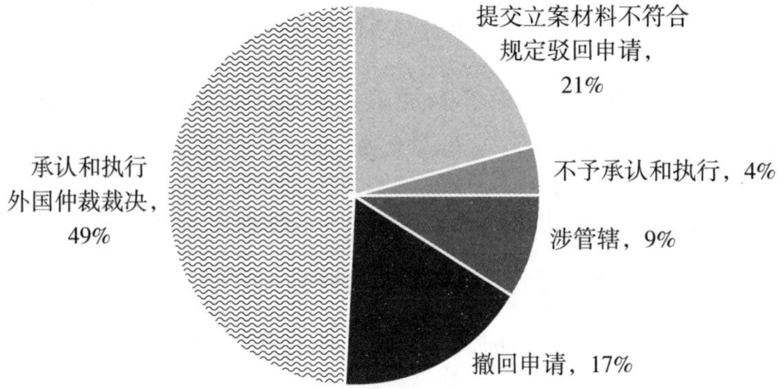

图6-14 申请承认和执行外国仲裁裁决案件抽样统计

从抽样数据来看,不予承认和执行外国仲裁裁决案件占比仅约4%。这与最高人民法院严格的审核程序有一定关系:依据1995年最高人民法院《关于人民法院处理与涉外仲裁及外国仲裁事项有关问题的通知》(法发〔1995〕18号,2008年已修改)第2条的规定,在法院裁定不予承认和执

行之前,必须首先报请本辖区所属高级人民法院进行审查,如果高级人民法院同意不予承认和执行意见,再报至最高人民法院进行请示,只有在最高人民法院复函同意不予承认和执行后,法院方可裁定不予执行或者拒绝承认和执行。

2. 承认和执行外国仲裁裁决受理法院分布

依据 1995 年最高人民法院《关于人民法院处理与涉外仲裁及外国仲裁事项有关问题的通知》(法发〔1995〕18 号,2008 年已修改),申请我国法院承认和执行在另一缔约方领土内作出的仲裁裁决,是由仲裁裁决的一方当事人提出的。对于当事人的申请应由我国下列地点的中级人民法院受理:被执行人为自然人的,为其户籍所在地或者居所地;被执行人为法人的,为其主要办事机构所在地;被执行人在我国无住所、居所或者主要办事机构,但有财产在我国境内的,为其财产所在地。①

① 2017 年《仲裁司法审查规定》第 3 条针对管辖法院进一步补充规定,"外国仲裁裁决与人民法院审理的案件存在关联,被申请人住所地、被申请人财产所在地均不在我国内地,申请人申请承认外国仲裁裁决的,由受理关联案件的人民法院管辖。受理关联案件的人民法院为基层人民法院的,申请承认外国仲裁裁决的案件应当由该基层人民法院的上一级人民法院管辖。受理关联案件的人民法院是高级人民法院或者最高人民法院的,由上述法院决定自行审查或者指定中级人民法院审查。外国仲裁裁决与我国内地仲裁机构审理的案件存在关联,被申请人住所地、被申请人财产所在地均不在我国内地,申请人申请承认外国仲裁裁决的,由受理关联案件的仲裁机构所在地的中级人民法院管辖"。《仲裁法》第 72 条规定,涉外仲裁委员会作出的发生法律效力的仲裁裁决,当事人请求执行的,如果被执行人或者其财产不在中华人民共和国领域内,应当由当事人直接向有管辖权的外国法院申请承认和执行。同时,根据最高人民法院《关于发布第八批指导性案例的通知》(法〔2014〕327 号)指导案例 37 号,当事人向我国法院申请执行发生法律效力的涉外仲裁裁决,发现被申请执行人或者其财产在我国领域内的,我国法院即对该案具有执行管辖权。当事人申请法院强制执行的时效期间,应当自发现被申请执行人或者其财产在我国领域内之日起算。

从目前可统计数据来看,受理承认和执行外国仲裁裁决申请的法院地区分布如图6－15所示,其中,广东省、浙江省、山东省排名前三。

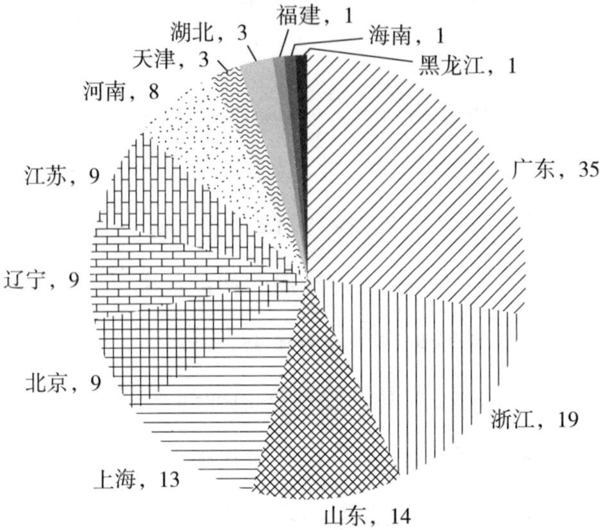

图6－15　承认和执行外国仲裁裁决受理法院分布(单位:件)

3. 承认和执行外国仲裁裁决案件审查依据

依据最高人民法院1987年4月10日发布的《关于执行我国加入的〈纽约公约〉的通知》[法(经)发〔1987〕5号],对于在《纽约公约》缔约方领土内作出的仲裁裁决,裁决的承认和执行将在互惠保留声明的前提下适用《纽约公约》的规定;对于在非缔约方领土内作出的仲裁裁决,需要我国法院承认和执行的,应根据中国缔结或参加的国际条约,或按照互惠原件进行审查,认为不违反中国法律的基本准则或者我国国家、社会利益的,裁定承认其效力并依照法定程序执行。

目前,可统计的申请承认和执行外国仲裁裁决案件数量中,大部分案件适用《纽约公约》。在前述抽样统计中出现的5件不予承认和执行案件中,有3件为没有书面仲裁协议,1件为仲裁协议无效,1件为仲裁员选定程序违反仲裁规则。人民法院适用《纽约公约》时的审查标准如表6-4所示:

表6-4 人民法院适用《纽约公约》时的审查标准

《纽约公约》规定	不予承认和执行情形	人民法院审查标准
第一条一 (适用范围略)	略	略
第一条二 "仲裁裁决"一词不仅指专案选派之仲裁员所作裁决,亦是指当事人提请仲裁之常设仲裁机关所作裁决	特定情形下的临时仲裁	北京市高级人民法院《关于审理请求裁定仲裁协议效力、申请撤销仲裁裁决案件的若干问题的意见》"十、当事人在仲裁协议中约定临时仲裁是否有效?" 我国法律没有对临时仲裁作出规定,《仲裁法》只确认了机构仲裁制度。根据1958年联合国《承认及执行外国仲裁裁决公约》第10条第2款对临时仲裁的确认,我国作为公约国有义务对外国临时仲裁裁决予以确认。据此,我们认为,当事人约定在我国国内临时仲裁,并同时约定或依法推定用中国仲裁法的,因违反我国法律之规定,应当认定无效。当事人约定在国外临时仲裁,应当首先审查当事人约定的仲裁地点或者临时仲裁机构所在国的法律是否承认临时仲裁,或者当事人选择一致的法律是否承认临时仲裁,如果上述国家法律承认临时仲裁,则该仲裁协议有效
第一条三 (缔约方保留声明 略)	略	略

续表

《纽约公约》规定	不予承认和执行情形	人民法院审查标准
第二条一　当事人以书面协定承允彼此间所发生或可能发生之一切或任何争议,如关涉可以仲裁解决事项之确定法律关系,无论为契约性质与否,应提交仲裁时,各缔约方应承认此项协定	不是可以仲裁解决的事项	—
第二条二　称“书面协定”者,谓当事人所签订或在互换函电中所载明之契约仲裁条款或仲裁协定	没有书面仲裁协议	—
第二条三　当事人就诉讼事项订有本条所称之协定者,缔约方法院受理诉讼时应依当事人一造之请求,命当事人提交仲裁,但前述协定经法院认定无效、失效或不能实行者不在此限	仲裁协议无效、失效或不能实行	最高人民法院《关于审理仲裁司法审查若干问题的规定》第16条规定,人民法院适用《承认及执行外国仲裁裁决公约》审查当事人申请承认和执行外国仲裁裁决案件时,被申请人以仲裁协议无效为由提出抗辩的,人民法院应当依照该公约第五条第一款(甲)项的规定,确定确认仲裁协议效力应当适用的法律
第三条　(对缔约方的要求　略)	略	略

续表

《纽约公约》规定	不予承认和执行情形	人民法院审查标准
第四条一 声请承认及执行之一造,为取得前条所称之承认及执行,应于声请时提具: (甲)原裁决之正本或其正式副本,(乙)第二条所称协定之原本或其正式副本。 第四条二 倘前述裁决或协定所用文字非为援引裁决地所在国之正式文字,声请承认及执行裁决之一造应备具各该文件之此项文字译本。译本应由公设或宣誓之翻译员或外交或领事人员认证之	未按要求提交申请承认和执行文件	—
第五条一 裁决唯有于受裁决援用之一造向声请承认及执行地之主管机关提具证据证明有下列情形之一时,始得依该造之请求,拒予承认及执行	超出当事人申请范围	最高人民法院发布的《全国法院涉外商事海事审判工作座谈会会议纪要》第十八章“关于申请承认和执行外国仲裁裁决案件的审查”第106条【《纽约公约》第五条的理解】规定,人民法院适用《纽约公约》审理申请承认和执行外国仲裁裁决案件时,应当根据《纽约公约》第五条的规定,对被申请人主张的不予承认和执行仲裁裁决事由进行审查。对被申请人未主张的事由或者其主张事由超出《纽约公约》第五条第一款规定的法定事由范围的,人民法院不予审查。人民法院应当根据《纽约公约》第五条第二款的规定,依职权审查仲裁裁决是否存在裁决事项依我国法律不可仲裁,以及承认和执行仲裁裁决是否违反我国公共政策

续表

《纽约公约》规定	不予承认和执行情形	人民法院审查标准
(甲)第二条所称协定之当事人依对其适用之法律有某种无行为能力情形者,或该项协定依当事人作为协定准据之法律系属无效,或未指明以何法律为准时,依裁决地所在国法律系属无效者	同第二条,仲裁协议无效	最高人民法院《关于审理仲裁司法审查若干问题的规定》第 16 条规定,人民法院适用《承认及执行外国仲裁裁决公约》审查当事人申请承认和执行外国仲裁裁决案件时,被申请人以仲裁协议无效为由提出抗辩的,人民法院应当依照该公约第五条第一款(甲)项的规定,确定确认仲裁协议效力应当适用的法律
(乙)受裁决援用之一造未接获关于指派仲裁员或仲裁程序之适当通知,或因他故,致未能申辩者	当事人未获适当通知导致未能申辩	—
(丙)裁决所处理之争议非为交付仲裁之标的或不在其条款之列,或裁决载有关于交付仲裁范围以外事项之决定者,但交付仲裁事项之决定可与未交付仲裁之事项划分时,裁决中关于交付仲裁事项之决定部分得予承认及执行	超出仲裁协议范围	—

续表

《纽约公约》规定	不予承认和执行情形	人民法院审查标准
(丁)仲裁机关之组成或仲裁程序与各造间之协议不符,或无协议而与仲裁地所在国法律不符者	仲裁庭组成或仲裁程序违反仲裁协议或仲裁地法律	《最高人民法院会议纪要》第107条【未履行协商前置程序不违反约定程序】规定,人民法院适用《纽约公约》审理申请承认和执行外国仲裁裁决案件时,当事人在仲裁协议中约定"先协商解决,协商不成再提请仲裁"的,一方当事人未经协商即申请仲裁,另一方当事人以对方违反协商前置程序的行为构成《纽约公约》第五条第一款丁项规定的仲裁程序与各方之间的协议不符为由主张不予承认和执行仲裁裁决的,人民法院不予支持
(戊)裁决对各造尚无拘束力,或业经裁决地所在国或裁决所依据法律之国家之主管机关撤销或停止执行者	仲裁裁决未生效被撤销或停止执行	根据《仲裁法》第70条的规定,当事人提出证据证明涉外仲裁裁决有2017年《民事诉讼法》第260条(现为第274条)第1款规定的情形之一的,经人民法院组成合议庭审查核实,裁定撤销
第五条 二、倘声请承认及执行地所在国之主管机关认定有下列情形之一,亦得拒不承认及执行仲裁裁决: (甲)依该国法律,争议事项系不能以仲裁解决者	同第二条一,不是可以仲裁解决的事项	—

续表

《纽约公约》规定	不予承认和执行情形	人民法院审查标准
(乙)承认或执行裁决有违该国公共政策者	违反公共政策	《最高人民法院会议纪要》第108条【违反公共政策的情形】规定,人民法院根据《纽约公约》审理承认和执行外国仲裁裁决案件时,如人民法院生效裁定已经认定当事人之间的仲裁协议不成立、无效、失效或者不可执行,承认和执行该裁决将与人民法院生效裁定相冲突的,应当认定构成《纽约公约》第五条第二款乙项规定的违反我国公共政策的情形
第六条 (延缓执行和担保 略)	略	略
第七条至第十六条(公约管理 略)	略	略

(二)司法审查案例

1. 承认和执行案例一:依申请审查(有限的依职权审查)

最高院〔2016〕民他12号复函中,针对来宝资源有限公司(以下简称来宝公司)与湖北清河纺织股份有限公司(以下简称清河公司)申请承认和执行国际棉花协会有限公司仲裁裁决,湖北省高级人民法院审查认为,案涉仲裁裁决中关于裁定清河公司应向来宝公司支付利息28,698.49美元及总额252,881.43美元从2014年7月14日起至清河公司实际付款之日止的利息的裁决,存在《纽约公约》第5条第1款第丙项规定的情况,应不予承认和执行。主要理由为:该部分裁决超出了来宝公司申请仲裁的范围。根据案涉仲裁裁决的记载,来宝公司申请仲裁的主张是:由于清河公司未能履行合同义务,合同于2012年10月8日以向来宝公司回开发票的方式结价终止,当时的市场差价为224,293.17元,来宝公司要求清河公司赔偿该损失及其开支;其中并未包括利息等损害赔偿主张。市场差价的利息及市场差价与利息之和的利息,属于违约损害赔偿;案涉仲裁庭对属于违约损害赔偿的利息问题作出裁决,超出了来宝公司的申请范围。

最高人民法院审查后认为,根据《纽约公约》第5条第1款(裁决唯有于受裁决援用之一造向声请承认及执行地之主管机关提具证据证明有下列情形之一时,始得依该造之请求,拒予承认及执行)以及第2款(倘声请承认及执行地所在国之主管机关认定有下列情形之一,亦得拒不承认及执行仲裁裁决)的规定,人民法院对仲裁裁决是否存在《纽约公约》第5条第1款规定的拒绝承认和执行之情形,必须依当事人的请求进行审查,当事人未请求的,人民法院不予审查;对仲裁裁决是否存在《纽约公约》第5条第2款规定的违反可仲裁性和公共政策情形,人民法院则可以依职权主动审查。在该案中,被申请人清河公司未就《纽约公约》第5条第1款的情形提出不予承认和执行仲裁裁决的主张,湖北省高级人民法院依职权审查并拟依照《纽约公约》第5条第1款的规定不予承认和执行裁决,缺乏相应的法律依据。案涉仲裁裁决亦不存在《纽约公约》第5条第2款规定的情形,故人民法院应予裁定承认和执行。

2. 承认和执行案例二:申请材料的补充不影响申请权利

最高人民法院在给上海市高级人民法院《关于麦考·奈浦敦有限公司

申请承认与执行仲裁裁决一案请示的复函》(法民〔2001〕32号)中指出,尽管申请人在有效期内提供的申请材料不完全符合有关规定,但经人民法院通知补充后符合要求的,人民法院应当立案受理,不能以"申请人未在法定期限内提出有效的申请"为由拒绝承认与执行仲裁裁决。

3. 承认和执行案例三:未约定准据法并不必然导致仲裁协议无效

最高院〔2015〕民四他字第31号复函中,针对国际棉花协会有限公司在英国境内作出的仲裁裁决,最高人民法院认为,双方当事人在原棉买卖合同中订有"ICA Rules and Arbitrations"的条款,未约定确认仲裁协议效力的准据法,而被申请人没有提供证据证明,根据裁决地所在国即英国的法律,仲裁协议是无效的等根据《纽约公约》第5条第1款第甲项规定应不予承认及执行的情形。下级法院请示报告中,少数意见以仲裁机构约定不明为由,依据我国法律认定案涉仲裁协议无效缺乏法律依据。

4. 承认和执行案例四:仲裁员在审理过程中丧失资质不构成对法定程序的违反

最高院〔2015〕民四他字第30号复函中,针对丰岛股份公司申请承认与执行国际棉花协会有限公司在英国境内作出的仲裁裁决,最高人民法院认为,该案涉及的具体问题是仲裁庭2名仲裁员在接受委托之初具备技术仲裁员的资格,并被仲裁庭任命为仲裁员,其在仲裁裁决作出时不具备技术仲裁员资格,是否构成仲裁庭组合违法的情形。根据下级法院请示所述,"国际棉花协会有限公司规则对于任命之初具备仲裁员资格,仲裁过程中丧失仲裁员资格的情形如何处理未予规定"。据此可以认为,该案仲裁庭组成并不存在与仲裁规则明确规定不符的情形。另外,根据最高人民法院《关于未被续聘的仲裁员在原参加审理的案件裁决书上签名人民法院应当执行该仲裁裁决书的批复》(法释〔1998〕21 号)所确立的原则,下级法院关于涉案两名仲裁员在仲裁庭组成时具备仲裁资格,即使在仲裁裁决作出时已不具备技术仲裁员资格,该资格的丧失也只能约束仲裁机构以后审理的案件,不能影响此前已合法成立的仲裁庭案件的审理工作的多数意见是正确的。

5. 承认和执行案例五:通知程序符合仲裁规则

【案例】最高院〔2014〕民四他字第 31 号复函中,针对当事人申请承认及执行德国汉堡交易所商品协会仲裁法庭 2/11 号仲裁裁决,最高人民法院认为,仲裁庭曾以挂号信的方式通过德国邮政股份公司向仲裁被申请人丹东君澳食品有限公司邮寄仲裁员的任命、诉状、传讯等文件,德国邮政股份公司出具的证明载明,邮件已经"投递至合法接收人",只是"未从目的国的邮政机构获得回执或其他收货确认函"。丹东君澳食品有限公司仅是声称其未收到寄送的材料,但其并未举出证据证明仲裁庭的通知程序未满足《纽约公约》第 5 条第 1 款第 2 项中"适当通知"的要求,即仲裁庭没有就指派仲裁员和仲裁程序等事项通知被申请人或者通知的方式违反了仲裁规则或仲裁地的法律的相关规定,因而导致被申请人"未能申辩"。因此,该案所涉仲裁裁决并不存在《纽约公约》第 5 条第 1 款第 2 项规定的情形。不存在《纽约公约》第 5 条规定的其他情形的情况下,该案所涉仲裁裁决应当得到承认和执行。

【案例】最高院〔2012〕民四他字第42号复函中,针对昂佛化品合资有限责任公司申请承认并执行白俄罗斯工商会国际仲裁院仲裁裁决,最高人民法院认为,仲裁程序中的送达,应当依照当事人约定或约定适用的仲裁规则确定是否构成适当通知,不应适用《海牙送达公约》或《中华人民共和国和白俄罗斯共和国关于民事和刑事司法协助的条约》的规定。根据《白俄罗斯工商会国际仲裁院规程》第20章的规定,申请书、答辩书、通知书、裁决书等仲裁院关于案件所作的决定,应以回执挂号信邮寄或者凭收据向收件人送交的方式送达。邮寄到收件人常住地、企业住所或邮寄地址,则被视为已接收,除非双方另有约定。因此,白俄罗斯工商会国际仲裁院通过邮寄方式向仲裁被申请人住所地送达,不违反当事人约定及仲裁规则的规定。

关于邮寄方面的证据,昂佛化品合资有限责任公司提供了从仲裁案卷中复印的快递公司邮件底单及回执,并加盖白俄罗斯工商会国际仲裁院公章及附具该院主席的签名。因两份证据是在我国境外形成的,根据最高人民法院《关于民事诉讼证据的若干规定》第11条的规定,可以由受理法院确定合理的期限,由申请人办理公证认证或通过司法协助途径办理相应的证明手续,以证明上述证据与仲裁案卷中的留存件相符。

综上,《纽约公约》第5条第1款规定的拒绝承认和执行事由的举证责任在被申请人,现有证据尚不足以证明被申请人未被给予适当通知,被申请人主张的该项拒绝理由不能成立。如涉案仲裁裁决不存在其他不予承认和执行的情形,应裁定予以承认和执行。

【案例】最高院〔2011〕民四他字第21号复函中，针对当事人申请承认和执行美国争议解决中心26－435－08号仲裁裁决，最高人民法院认为，AAA国际争议解决中心于2008年9月9日向北京特普食品有限公司（以下简称特普食品公司）邮寄了指派仲裁员的通知，邮寄地址为"北京朝阳区望京广顺大街××××"，但该邮件被退回，理由为"迁居"。此后，AAA国际争议解决中心虽向特普食品公司送达了其他文件，但未再向特普食品公司送达有关指派仲裁员的通知。该案焦点问题在于，被申请人特普食品公司是否收到了指派仲裁员的通知，该案是否存在《纽约公约》第5条第1款第乙项规定的情形即"受裁决援用之一造未接获关于指派仲裁员或仲裁程序之适当通知，或因他故，致未能申辩者"。

由于双方当事人在仲裁协议中约定根据《UNCITRAL仲裁规则》进行仲裁，AAA国际争议解决中心在向特普食品公司发出的通知中也作出了适用《UNCITRAL仲裁规则》进行仲裁的意思表示。因此该案中关于指派仲裁员的通知是否有效送达应适用《UNCITRAL仲裁规则》的相关规定进行审查。《UNCITRAL仲裁规则》第2条第1款规定："为了实施本规则，一切通知（包括通知书、通告或建议），如经确实送达收件人或已送达其惯常居所、营业所或通讯处，则被认为已经送交，或如经适当调查未能发现上述各处所，则可送交最后所知的收件人居所或营业所。按本条规定送交的通知应认为送交日即已收到。"

根据《UNCITRAL仲裁规则》第2条第1款的规定，如果AAA国际争议解决中心向特普食品公司送达仲裁员指派通知的地址"北京朝阳区望京广顺大街××××”属于该仲裁规则中所指的该公司的惯常居所、营业所或通信处,或是其最后所知的居所或营业所,则即使该邮件未被签收,亦应视为已经有效送达。人民法院不应根据《纽约公约》第5条第1款第乙项的规定拒绝承认和执行该仲裁裁决。反之,如果该地址不属于特普食品公司的惯常居所、营业所或通信处,或是其最后所知的居所或营业所,且该邮件实际被退回,则应认定AAA国际争议解决中心未向特普食品公司有效送达指派仲裁员的通知,人民法院应根据《纽约公约》第5条第1款第乙项的规定拒绝承认和执行该仲裁裁决。

【案例】最高院〔2006〕民四他字第36号复函中,针对博而通株式会社申请承认KCAB第05113－0010号仲裁裁决,最高人民法院认为,仲裁程序中的送达不适用《中华人民共和国和大韩民国关于民事和商事司法协助的条约》和《关于向国外送达民事或商事司法文书和司法外文书公约》,而应依照《KCAB仲裁规则》确定送达是否适当。被申请人不能证明邮寄送达违反有关仲裁规则。被申请人地址变更后未给予通知,由此导致其未及时收到邮件,不属于《纽约公约》第5条第1款第乙项规定的情形。因此,不应依照《纽约公约》第5条第1款第乙项的规定拒绝承认和执行上述仲裁裁决。如无其他可不予承认和执行的法定情形,KCAB第005113－0010号仲裁裁决应予承认和执行。

【案例】最高院〔2009〕民四他字第30号复函中,针对美国对外贸易有限公司申请承认和执行(美国)国家仲裁解决中心商业贸易仲裁法庭裁决,最高人民法院认为,仲裁庭是根据仲裁申请人的申请将原由各方当事人确定的开庭时间进行了延期,并通过传真方式通知了各方当事人。对此,仲裁被申请人反对延期并要求按原定时间开庭。仲裁被申请人没有证据证明其对延期开庭并不知悉,仲裁程序符合各方当事人同意适用的仲裁规则。仲裁庭作出涉案裁决后,通过国际挂号信将裁决书寄至仲裁被申请人提供的地址,但信件被退回。之后仲裁庭又于 2006 年 5 月 16 日根据仲裁申请人提供的地址(仲裁被申请人之一深圳莱英达科技有限公司的注册地址)进行重新邮寄。该送达方式亦符合应被适用的仲裁规则的规定。涉案仲裁裁决不存在《纽约公约》第 5 条规定的任何情形,人民法院应予承认及执行。

【案例】最高院民四他字〔2005〕第 46 号复函中,针对(株)TS 海码路申请承认并执行 KCAB 仲裁裁决,最高人民法院认为,由于双方当事人在开发协议和连锁协议中明确约定"仲裁适用《大韩商事仲裁院仲裁规则》",而该案仲裁庭按照《KCAB 仲裁规则》的规定通过邮寄方式向大庆派派思食品有限公司送达了开庭通知书和仲裁裁决书,也有证据证明,大庆派派思食品有限公司收到了上述开庭通知书和仲裁裁决书。虽然仲裁庭在送达开庭通知书和仲裁裁决书时未附中文译本,但通过邮寄方式送达以及未附中文译本的做法并不违反韩国《仲裁法》和《KCAB 仲裁规则》的规定。《中华人民共和国和大韩民国关于民事和商事司法协助的条约》中有关"司法协助的联系途径"和"文字"的规定,仅适用于两国司法机关进行司法协助的情形,不适用于仲裁机构或者仲裁庭在仲裁程序中的送达。大庆派派思食品有限公司没有举证证明该案仲裁裁决存在我国参加的《纽约公约》第 5 条第 1 款规定的情形,该案仲裁裁决依法应予承认和执行。

6. 承认和执行案例六:谨慎认定公共政策

【案例:法律的强制性规定不能完全等同于违反公共政策】最高院〔2003〕民四他字第 3 号复函中,针对 ED & F 曼氏(香港)有限公司申请承认和执行伦敦糖业协会仲裁裁决,最高人民法院认为,依照我国有关法律法规的规定,境内企业未经批准不得擅自从事境外期货交易。中国糖业酒类集团公司未经批准擅自从事境外期货交易的行为,依照中国法律无疑应认定为无效。但违反我国法律的强制性规定不能完全等同违反我国的公共政策。因此,该案亦不存在《纽约公约》第 5 条第 2 款规定的不可仲裁及承认与执行该判决将违反我国公共政策的情形。依照 1991 年《民事诉讼法》第 269 条(现第 290 条)及《纽约公约》第 5 条之规定,应当承认和执行该案仲裁裁决。

【案例:特许经营不构成公共政策】最高院〔2010〕民四他字第 18 号复函中,针对天瑞酒店投资有限公司申请承认和执行 LCIA 在英国境内作出的仲裁裁决,最高人民法院认为,天瑞酒店投资有限公司与杭州易居酒店管理有限公司于 2004 年 10 月 28 日签订的《单位系统协议》,性质为商业特许经营合同。根据我国当时实行的商业特许经营管理制度,外国公司在我国境内从事商业特许经营业务必须通过设立外商投资企业的方式进行,且需经过行政主管机关的审批。但是 2007 年 5 月 1 日施行的国务院《商业特许经营管理条例》仅规定,商业特许经营合同事后应向行政主管机关备案,而无审批要求。上述备案制度属于行政法规之强制性规范中的管理性规定,不影响当事人之间民事合同的效力。仲裁裁决对该案所涉《单位系统协议》的处理,不违反我国强制性法律规定,更不构成违反我国公共政策的情形。因此,该案不存在《纽约公约》第5条第2款第乙项规定的情形。

【案例:不以仲裁实体结果是否公平合理作为违反公共政策的认定标准】最高院〔2008〕民四他字第48号复函中,针对GRD Minproc有限公司申请承认并执行SCC仲裁裁决,最高人民法院认为,关于该案所涉仲裁裁决的承认和执行涉及是否将违反我国公共政策的问题。飞轮公司从境外购买的设备经过有关主管部门审批同意,并非我国禁止进口的设备。该设备在安装、调试、运转的过程中造成环境污染,其原因可能是多方面的。在飞轮公司根据合同中有效的仲裁条款就设备质量问题提请仲裁的情况下,仲裁庭对设备质量作出了评判,这是仲裁庭的权力,也是当事人通过仲裁解决纠纷所应当承受的结果。不能以仲裁实体结果是否公平合理作为认定承认和执行仲裁裁决是否违反我国公共政策的标准。承认和执行该案所涉仲裁裁决并不构成对我国社会根本利益、法律基本原则或者善良风俗的违反,因此,该案不存在《纽约公约》第5条第2款第乙项规定的情形。该案所涉仲裁裁决也不存在《纽约公约》第5条规定的其他情形。因此,人民法院应当裁定承认和执行该案所涉仲裁裁决。

与此类似,最高院〔2012〕民四他字第12号复函中,针对韦斯顿瓦克公司申请承认与执行英国仲裁裁决,最高人民法院认为,根据《纽约公约》第5条第2款第b项的规定,我国法院认为仲裁裁决与我国公共秩序相抵触的,可以拒绝承认和执行。但是,对该条规定的公共秩序应作严格解释和适用。只有在承认和执行外国商事仲裁裁决将导致违反我国法律基本原则、侵犯我国国家主权、危害国家及社会公共安全、违反善良风俗等危及我国根本社会公共利益情形发生的,才能援引公共政策事由予以拒绝承认和执行。法院以仲裁结果显失公平,违反我国社会公共利益为由对涉案仲裁裁决不予承认和执行不当。

7. 承认和执行案例七:境外临时仲裁的承认和执行

在“满升航运有限公司、卓联海运有限公司申请承认和执行外国仲裁裁决案”[(2019)津72协外认1号]中,天津海事法院于2020年2月4日作出的民事裁定认为:该案为申请承认和执行外国仲裁裁决纠纷,双方的争议焦点为仲裁员大卫·法林顿(David Farrington)于2017年10月26日作出的满升航运有限公司与卓联海运有限公司之间关于“欧洲天空”(EUROSKY)轮2013年8月28日订立的《定期租船合同》的仲裁裁决,以及于2018年8月23日作出的费用裁决是否存在不应承认和执行的情形。该案所涉仲裁裁决系在英国伦敦作出,均已生效。我国和英国均为1958年订立的《纽约公约》的缔约方,根据我国2017年《民事诉讼法》第283条(现第290条)的规定,涉案仲裁裁决是否应当予以承认和执行,应当依照《纽约公约》和《民事诉讼法》的相关规定予以审查。《纽约公约》第5条规定:“一、裁决唯有于受裁决援用之一造向声请承认及执行地之主管机关提具证据证明有下列情形之一时,始得依该造之请求,拒予承认及执行:(甲)第二条所称协定之当事人依对其适用之法律有某种无行为能力情形者,或该项协定依当事人作为协定准据之法律系属无效,或未指明以何法律为准时,依裁决地所在国法律系属无效者;(乙)受裁决援用之一造未接获关于指派仲裁员或仲裁程序之适当通知,或因他故,致未能申辩者;(丙)裁决所处理之争议非为交付仲裁之标的或不在其条款之列,或裁决载有关于交付仲裁范围以外事项之决定者,但交付仲裁事项之决定可与未交付仲裁之事项划分时,裁决中关于交付仲裁事项之决定部分得予承认及执行;(丁)仲裁机关之组成或仲裁程序与各造间之协议不符,或无协议而与仲裁地所在国法律不符者;(戊)裁决对各造尚无拘束力,或业经裁决地所在国或裁决所依据法律之国家之主管机关撤销或停止执行者。二、倘声请承认及执行地所在国之主管机关认定有下列情形之一,亦得拒不承认及执行仲裁裁决:(甲)依该国法律,争议事项系不能以仲裁解决者;(乙)承认或执行裁决有违该国公共政策者。"卓联海运有限公司主张,其未获指定仲裁员和仲裁程序的适当通知,该案最终是由满升航运有限公司指定的仲裁员进行独任审理,不满足双方合同第17条中关于指定仲裁员的人数要求,并且卓联海运有限公司也未能获得满升航运有限公司就选定仲裁员的书面通知,根据《纽约公约》第5条的规定,对该仲裁裁决不应予以承认和执行。经审查,满升航运有限公司于2016年5月10日以公证的方式向卓联海运有限公司送达《仲裁申请书》《仲裁通知书》,通知卓联海运有限公司可以选定1名仲裁员。根据双方合同第17条的约定,卓联海运有限公司有权选定1名仲裁员,并由选定的仲裁员与满升航运有限公司选定的仲裁员共同选定另外1名仲裁员组成仲裁庭。但是,卓联海运有限公司在接到指定仲裁员通知后,并没有选择仲裁员。在此种情况下,由满升航运有限公司选定独任仲裁员进行仲裁符合双方合同17条约定适用的“BIMCO格式仲裁条款”规定,且在仲裁过程中卓联海运有限公司并未对独任仲裁提出异议。对卓联海运有限公司未获指定仲裁员和仲裁程序的适当通知的主张法院不予支持。卓联海运有限公司还主张,2017年8月7日之后,卓联海运有限公司未参与仲裁程序,也未获得后续仲裁进展的通知,其丧失了陈述和申辩的权利。经审查,在接到仲裁通知后,卓联海运有限公司委托了上海四维乐马律师事务所律师参与仲裁,在仲裁过程中卓联海运有限公司并未申请更换委托代理人。仲裁员给了卓联海运有限公司充分的陈述和申辩的权利。对于卓联海运有限公司丧失陈述和申辩的权利的主张法院不予支持。卓联海运有限公司未提交证据证明案涉责任和金额的终局裁决和费用裁决存在《纽约公约》规定的不应承认和执行的情形,且案涉责任和金额的终局裁决和费用裁决所涉裁决事项不属于我国法律所禁止的采用仲裁方式解决的事项,对其的承认与执行也不违反公共政策。故天津海事法院对案涉责任和金额的终局裁决和费用裁决予以承认和执行。

8. 不予承认和执行案例一:被申请主体不存在

最高院〔2008〕民四他字第47号复函中,针对赛百味国际有限公司申请承认和执行国际争端解决中心国际仲裁庭作出的50 114 T 00171 07号仲裁裁决,最高人民法院认为,根据北京市二中院查明的事实,该案所涉被申请人北京萨伯威餐饮有限公司并未在我国工商行政管理机关注册登记,因此,我国法院无法根据《纽约公约》的规定承认和执行该案所涉仲裁裁决。由于被申请人并不存在,因此,该案应当裁定驳回申请人赛百味国际有限公司的申请。

9. 不予承认和执行案例二:不具有可仲裁性

最高院〔2009〕民四他字第 33 号复函中,针对当事人申请承认及执行蒙古国家仲裁庭仲裁裁决,最高人民法院认为,该案纠纷是因仲裁申请人吴某英作为其亡夫的法定继承人,依据涉案合同中的仲裁条款向蒙古国仲裁庭主张其合同权利而产生的。若涉案仲裁裁决不涉及继承事项,是可予承认与执行的。但涉案仲裁裁决的主要内容是确认吴某英的法定继承人地位以及因该地位而应获得的投资财产权,裁决未就公司的继续经营及撤销等商事纠纷作出处理。因此,涉案仲裁裁决主要是就继承事项作出的裁决。《纽约公约》第 5 条第 2 款第甲项规定,声请承认及执行地国之主管机关认定依据该国法律争议事项系不能以仲裁解决者,得拒不承认及执行仲裁裁决。我国《仲裁法》第 3 条规定继承纠纷不能仲裁。因此,对于涉案仲裁裁决人民法院不予承认及执行。

10. 不予承认和执行案例三:欠缺仲裁合意

【无仲裁合意】最高人民法院《关于新加坡益得满亚洲私人有限公司申请承认和执行外国仲裁裁决一案的请示》的复函中,针对新加坡益得满亚洲私人有限公司申请承认和执行英国伦敦可可协会仲裁裁决,最高人民法院认为,仲裁条款或者仲裁协议独立生效的前提,是有关当事人就通过仲裁解决争议达成合意。在该案中,根据新加坡益得满亚洲私人有限公司与无锡华新可可食品有限公司之间的来往传真,双方当事人之间未就购买可可豆事宜产生的争议达成通过仲裁解决的合意。英国伦敦可可协会以新加坡益得满亚洲私人有限公司单方拟定的仲裁条款仲裁有关纠纷缺乏事实和法律依据。依照1991年《民事诉讼法》第269条(现第290条)及我国参加的《纽约公约》的有关规定,我国人民法院应拒绝承认与执行本案仲裁裁决。

与此类似,最高院〔2014〕民四他字第32号复函中,针对艾仑宝棉花公司申请承认和执行国际棉花协会在英国作出的仲裁裁决,最高人民法院认为,当事人就通过仲裁解决争议达成合意是仲裁条款或者仲裁协议独立生效的前提,也是仲裁机构受理仲裁案件的前提。而该案中艾仑宝公司既无法证明3份棉花协议中雅戈尔公司的印章的真实性,也无法证明吴某恩有权代表雅戈尔公司,因此没有有效证据证明雅戈尔公司与艾仑宝公司之间就案涉棉花购销协议产生的纠纷交付仲裁达成合意。国际棉花协会受理本案缺乏事实和法律依据,并据此同意浙江省高级人民法院关于不予承认国际棉花协会作出的仲裁裁决的请示意见。

【无权代理】最高人民法院〔2001〕民四他字第2号复函中,针对英国嘉能可有限公司申请承认和执行英国伦敦金属交易所仲裁裁决,根据《纽约公约》第5条第1款第甲项规定,对合同当事人行为能力的认定,应依照属人主义原则适用我国法律。重庆机械设备进出口公司职员孙某与英国嘉能可有限公司签订合同,孙某在"代表"公司签订该案合同时未经授权且公司也未在该合同上加盖印章,缺乏代理关系成立的形式要件,事后重庆机械设备进出口公司对孙某的上述行为明确表示否认。同时,孙某的签约行为也不符合两家公司之间以往的习惯做法,不能认定为表见代理。根据原《民法通则》第 66 条第 1 款和最高人民法院原《关于适用〈涉外经济合同法〉若干问题的解答》第 3 条第 1 款第 4 项的规定,孙某不具代理权,其"代表"公司签订的合同应当认定为无效合同,其民事责任不应由重庆机械设备进出口公司承担。同理,孙某"代表"公司签订的仲裁条款亦属无效,其法律后果亦不能及于重庆机械设备进出口公司。该案所涉仲裁裁决,依法应当拒绝承认及执行。

【无书面仲裁条款】最高院〔2009〕民四他字第 22 号复函中,针对和谐贸易有限公司(Concordia Trading B. V. ,以下简称和谐公司)申请承认和执行 FOSFA 第 3948 号仲裁裁决,最高人民法院认为,和谐公司印制的 3 份合同均含有提交 FOSFA 仲裁的争议解决条款,但该 3 份合同通过经纪人苏普利 S. A. (Sorpley S. A.)的代理人农业商品国际有限公司(Agri Commodities International Ltd.)驻上海代表处转交给南通港德油脂有限公司后,南通港德油脂有限公司并未签字或者盖章予以确认,也没有将上述 3 份合同回传,故不能认定和谐公司与南通港德油脂有限公司就仲裁条款达成了书面协议。在其后发生的双方函件往来中,南通港德油脂有限公司出具的保证函虽然涉及了和谐公司 3 份合同文本的编号,但该保证函载明的货物数量、价格以及期货保证金条款与和谐公司 3 份合同文本的内容并不相同,不足以推定双方对和谐公司的 3 份合同文本中含有的仲裁条款形成了一致的意思表示。《纽约公约》第 2 条第 1 款规定,仲裁条款必须以书面协定达成。《纽约公约》第2条第2款规定,“书面协定”,是指当事人所签订或在互换函电中所载明的契约仲裁条款或仲裁协定。可见,《纽约公约》并不接受默示的仲裁协议。该案没有充分证据证明和谐公司和南通港德油脂有限公司之间有仲裁合意并以签署或者函件互换的方式达成了书面形式的仲裁条款,不符合《纽约公约》第2条第1款、第2款关于仲裁协议书面形式要件的规定,人民法院应不予承认和执行该仲裁裁决。

11. 不予承认和执行案例四:境内主体约定境外仲裁机构

最高院〔2013〕民四他字第64号复函中,针对北京朝来新生体育休闲有限公司(以下简称朝来公司)申请承认KCAB的仲裁裁决,最高人民法院认为,订立《合同书》的双方当事人均为中国法人,《合同书》内容是双方就朝来公司在中国境内的高尔夫球场进行股份转让及合作,所涉标的物在中国境内,合同亦在中国境内订立和履行。因此,《合同书》没有涉外民事关系的构成要素,不属于涉外合同。该合同以及所包含的仲裁条款应适用的法律,无论当事人是否作出明示约定,均应确定为中国法律。根据我国2012年《民事诉讼法》第271条(现第278条)以及原《合同法》第128条第2款的规定,我国法律未授权当事人将不具有涉外因素的争议交由境外仲裁机构或者在我国境外临时仲裁,故该案当事人约定将争议提交KCAB仲裁的条款属无效协议,且该仲裁协议之效力瑕疵不能因当事人在仲裁程序中未提出异议而得到补正,仲裁庭对该案争议不享有管辖权。根据《纽约公约》第5条第1款第甲项的规定,被申请人提供证据证明仲裁条款依据当事人作为协定准据之法律系属无效者,得拒予承认及执行仲裁裁决,故该案所涉仲裁裁决应不予承认。

【境内主体约定境外仲裁机构的例外】最高院〔2015〕民四他字第5号复函中，针对“西门子国际贸易（上海）有限公司申请承认和执行新加坡仲裁裁决案”，上海市高级人民法院认为，该案系两位中国法人因非涉外法律关系约定在外国仲裁机构进行仲裁，拟根据《纽约公约》第5条第2款第乙项“有违公共政策”之规定拒绝承认和执行该外国仲裁裁决，并据此上报最高人民法院请示。

最高人民法院审查后认为，该案申请人西门子国际贸易（上海）有限公司与被申请人上海黄金置地有限公司均为中国法人，双方订立的《货物供应合同》虽不具有典型的涉外因素，但该案属于涉自由贸易试验区案件，双方当事人均为外资独资子公司，上海黄金置地有限公司作为仲裁案件的申请人提起仲裁程序后，西门子国际贸易（上海）有限公司在提出管辖权异议被仲裁庭驳回后又提出了反请求，双方均实际参与了全部仲裁程序，上海黄金置地有限公司也在仲裁裁决作出后部分履行了仲裁裁决确定的义务。为贯彻最高人民法院《关于人民法院为“一带一路”建设提供司法保障的若干意见》中提出的“促进国际商事海事仲裁在‘一带一路’建设中发挥重要作用”的要求，本着支持自由贸易试验区法治建设可先行先试的精神，综合考虑该案实际情况，同时，结合禁止反言、诚实信用和公平合理等公认的法律原则，可以认定该案仲裁协议符合最高人民法院《关于适用〈中华人民共和国涉外民事关系法律适用法〉若干问题的解释（一）》第1条第5项“可以认定为涉外民事关系的其他情形”之规定。此外，并无证据证明承认与执行该仲裁裁决将违反我国公共政策。故该案仲裁裁决不存在我国参加的1958年《纽约公约》第5条规定之情形,应予承认与执行。

12. 不予承认和执行案例五:仲裁条款变更

最高院〔2013〕民四他字第28号复函中,针对宝腾汽车(中国)有限公司申请承认及执行外国仲裁裁决,最高人民法院认为,若《备忘录》系双方当事人真实签订,依照原《合同法》第57条(现《民法典》第507条)关于争议解决条款独立性的规定以及最高人民法院《关于审理外商投资企业纠纷案件若干问题的规定(一)》第2条的规定,《备忘录》中诉讼管辖条款的效力不因未经审批机关批准而受影响。由于当事人通过签订《备忘录》中的诉讼管辖条款修改了原合资合同中的仲裁条款,原仲裁条款不再具有法律效力。SIAC依据不再具有法律效力的仲裁条款受理仲裁案件,构成《纽约公约》第5条第1款第甲项规定的情形,对于该案所涉仲裁裁决人民法院应拒绝承认和执行。

13. 不予承认和执行案例六:超出仲裁协议范围

【主体超出仲裁协议范围】最高院〔2003〕民四他字第12号复函中,针对美国GMI公司申请承认和执行英国伦敦金属交易所仲裁裁决,最高人民法院认为,该案仲裁庭根据美国GMI公司与芜湖冶炼厂签订的买卖合同中的仲裁条款受理案件,就仲裁范围而言,仲裁庭只能对GMI公司与芜湖冶炼厂之间的买卖合同纠纷作出裁决,但其却根据GMI公司的申请,将与GMI公司之间没有仲裁协议的芜湖恒鑫铜业集团有限公司列为仲裁被申请人,对所谓的GMI公司与芜湖冶炼厂及芜湖恒鑫铜业集团有限公司三方之间的纠纷作出了裁决,仲裁庭对GMI公司与芜湖恒鑫铜业集团有限公司之间所谓的买卖合同纠纷所作裁决,显然已经超出了该案仲裁协议的范围。

从最终裁决结果看,有明确裁决芜湖冶炼厂单独承担责任的部分,就该部分裁决而言,仲裁庭有权裁决,而且与超裁部分是可分的,亦不存在其他不应予以承认和执行的情形,因此对于涉及芜湖冶炼厂单独承担责任部分的裁决应予承认和执行。而其他使用“被申请人”这个称谓表明应该承担责任部分的裁决,由于没有明确区分芜湖冶炼厂及芜湖恒鑫铜业集团有限公司承担的责任,因此,人民法院对于仲裁庭有权裁决部分和超裁部分亦无法区分,故对于无法区分部分的裁决不应予以承认和执行。

【合资公司的租赁纠纷超出股东之间的合资协议范围】最高院〔2008〕民四他字第11号复函中,针对当事人申请承认和执行ICC仲裁裁决,最高人民法院认为,Hemofarm DD、MAG国际贸易公司、苏拉么媒体有限公司与济南永宁制药股份有限公司在《济南——海慕法姆制药有限公司合资合同》中约定的仲裁条款仅约束合资合同当事人就合资事项发生的争议,不能约束济南永宁制药股份有限公司与合资公司济南——海慕法姆制药有限公司之间的租赁合同纠纷。ICC在仲裁Hemofarm DD、MAG国际贸易公司、苏拉么媒体有限公司与济南永宁制药股份有限公司合资合同纠纷案件中,对济南永宁制药股份有限公司与合资公司济南——海慕法姆制药有限公司之间的租赁合同纠纷进行了审理和裁决,超出了合资合同约定的仲裁协议的范围。在中国有关法院就济南永宁制药股份有限公司与合资公司济南——海慕法姆制药有限公司之间的租赁合同纠纷裁定对合资公司的财产进行保全并作出判决的情况下,依据《纽约公约》第5条第1款第丙项和第2款第乙项之规定,应拒绝承认和执行ICC第13464/MS/JB/JEM号仲裁裁决。

【应收账款、清算解散事项超出股东之间的合资协议范围】最高院〔2015〕民四他字第46号复函中,针对FSG汽车工业控股公司申请承认和执行奥地利联邦经济会仲裁中心SCH－5239号仲裁裁决,最高人民法院认为,合资合同第27.3条仲裁条款约定的仲裁范围包括因合资合同引起的或与该合同相关而出现的任何纠纷。合资合同第29.1条和第29.2条规定了股东相互配合善意履行合资合同的义务,包括尽最大努力促使员工履行合资合同的相关条款。裁决第5项内容为武汉泛洲机械制造有限公司(以下简称泛洲公司)敦促其委派到合资企业的代表遵守合资合同和章程的规定,处理的是因第29.1条和第29.2条而产生的争议,履行义务的主体是泛洲公司,而非合资公司。但从该裁决项要求促使完成的具体事项看,其中(Ⅰ)目至(Ⅲ)目解决泛洲公司阻碍FSG公司行使股东知情权的问题,属于合资合同纠纷;(Ⅳ)目解决的则是合资公司经营过程中FSG汽车工业控股公司和合资公司之间的应收账款结算争议,并不属于合资合同纠纷,且合资公司不是仲裁协议的当事人,故该裁决内容符合《纽约公约》第5条第1款第丙项规定的超出仲裁协议范围的情形,应认定第5项(Ⅳ)目构成超裁。鉴于该超裁部分与第5项(Ⅰ)目至(Ⅲ)目具有可分性,根据《纽约公约》的相关规定,应对该超裁部分不予承认和执行。

裁决第9项的内容为泛洲公司通过其委派至合资公司的代表完成申请解散的必要程序及提名清算组成员。根据原《中外合资经营企业法实施条例》第90条的规定,合资合同因一方根本违约而终止的,由履行合同的一方提出解散申请,报审批机构批准。商务部办公厅原《关于依法做好外商投资企业解散和清算工作的指导意见》第2条规定,审批机关收到解散申请书和生效法律文书等相关材料后,作出批准企业解散的批件,企业在批准解散之日起15日内成立清算组,依法开始清算。因此,合资合同违约终止情形下的合资公司解散,不涉及股东协助履行报批义务的问题,该类解散及清算争议不属于合资合同仲裁协议约定的范围,构成超裁。

【费用超裁】最高院〔2015〕民四他字第34号复函中,针对翠丽提散货航运有限公司申请承认和执行伦敦仲裁裁决,最高人民法院认为,该案费用裁决中,仲裁庭对申请人因伦敦仲裁程序而支付的费用和仲裁庭收取的费用及相关利息而作出的裁决,不存在《纽约公约》第5条规定的不予承认和执行的情形,应当予以承认和执行。由于该案费用裁决主要是对伦敦仲裁程序产生的相关仲裁费用如何核算和分担作出的裁决,因该案被申请人违反合同仲裁条款约定,在中国法院提起诉讼而可能导致申请人产生的损失,不包括在伦敦仲裁程序产生的仲裁费用中,其性质属于违约损害赔偿。仲裁庭在该案费用裁决中直接对申请人在中国法院诉讼程序中产生的损失作出裁决,超出了费用裁决的范围。根据《纽约公约》第5条第1款第3项的规定,该案费用裁决中关于33,815.42英镑的损害赔偿及利息部分不应予以承认和执行。

14. 不予承认和执行案例七:仲裁庭组成违反法定程序

以下均是违反仲裁规则或当地法律任命仲裁员导致不予承认和执行仲裁裁决的案例:

【案例】最高院〔2009〕民四他字第38号回复中,针对当事人申请承认和执行ICC在瑞士洛桑作出的仲裁裁决,最高人民法院认为,当事人仲裁协议约定争议将根据《ICC仲裁规则》交由该规则任命的3名仲裁员裁决,故应由3名仲裁员组成仲裁庭直至仲裁庭职责履行完毕为止。根据《ICC仲裁规则》第12条的规定,仲裁员不能履行职责时,是否应予替换以及在特定情形下是否可不予替换而由其余仲裁员继续仲裁,均应由仲裁院作出决定,仲裁庭不享有自行决定权。在该案中,仲裁庭虽由3名仲裁员组成,但仲裁员王某长未参与仲裁的全过程,其于2006年4月7日仲裁院批准裁决书草案前已无法履行仲裁员职责。《ICC仲裁规则》第27条和第28条均规定,经批准的裁决书应由仲裁庭签署。该案仲裁庭未将裁决书交由王某长签署,且在未经仲裁院授权决定的情况下,由其余2名仲裁员继续组成仲裁庭,签署并作出仲裁裁决,其仲裁庭的组成和仲裁程序违反了《ICC仲裁规则》的规定,也与当事人仲裁协议的约定不符。根据《纽约公约》第5条第1款第丁项的规定,该仲裁裁决不应予以承认和执行。

【案例】最高院民四他字〔2006〕第41号复函中,针对邦基农贸新加坡私人有限公司申请承认和执行FOFSA仲裁员在英国伦敦作出的仲裁裁决,最高人民法院认为,关于该案所涉仲裁协议和仲裁程序的审查,应当适用双方当事人明确约定的 FOFSA 2001 年 1 月 1 日修订并生效的《上诉和仲裁规则》以及英国 1996 年《仲裁法》。《上诉和仲裁规则》第 1 条第 f 款规定,“本协会将通知没有选定仲裁员或者替代仲裁员的一方当事人,本协会将为其指定一名仲裁员,除非该方当事人在本协会向其发出通知后的 14 日内为自己选定了仲裁员”。而该案仲裁庭在原为被申请人广东丰源粮油集团有限公司指定的仲裁员比格伍德(S. Bigwood)先生自动回避后并没有向被申请人广东丰源粮油集团有限公司发出选定替代仲裁员的通知,而是径直为其重新指定了仲裁员。仲裁庭重新指定仲裁员的行为违反了当事人约定的仲裁规则的上述规定,应认定属于《纽约公约》第 5 条第 1 款第丁项规定的“仲裁机关之组成或仲裁程序与各造间协议不符”的情形。据此,人民法院应当拒绝承认和执行该案仲裁裁决。

【案例】最高院〔2008〕民四他字第 17 号复函中,针对中海发展股份有限公司货轮公司申请承认伦敦仲裁裁决,最高人民法院认为,根据香港特别行政区《仲裁条例》第 34C 条第 5 款的规定,在当事人对仲裁员的人数未达成协议时,当事人首先应向港仲申请决定仲裁员的人数为 1 名或 3 名。如果港仲决定为独任仲裁,而当事人未能就仲裁员达成一致时,则应适用《示范法》第 11 条第 3 款第 B 项规定的程序确定独任仲裁员,即应由一方当事人申请由仲裁中心指定该名仲裁员。涉案仲裁裁决仲裁员的任命违背了香港特别行政区《仲裁条例》和《示范法》规定的上述程序,根据《纽约公约》第 5 条第 1 款第丁项的规定,涉案仲裁裁决应不予承认和执行。

【案例】最高院〔2012〕民四他字第 54 号复函中,针对阿尔斯通公司(ALSTOM Technology Ltd.)申请承认和执行 SIAC 作出的仲裁裁决,最高人民法院认为,案涉仲裁庭首席仲裁员是通过一名边裁提名,另一名边裁不予反对的程序产生的,SIAC 系根据《SIAC 仲裁规则》组成的仲裁庭,不符合《ICC 仲裁规则》有关选任首席仲裁员的规定。对此,网新公司表示反对 SIAC 的决定,并称此种做法并未反映双方当事人的真实意愿,声称保留就本事项可向仲裁庭行使的所有权利,表明其并未放弃异议权。由此可见,SIAC 根据《SIAC 仲裁规则》组成仲裁庭,仲裁庭的组成与当事人在仲裁协议中约定适用的仲裁规则不符。根据《纽约公约》第 5 条第 1 款第丁项之规定,同意拒绝承认与执行案涉裁决的请示意见。鉴于依据该理由足以拒绝承认与执行案涉仲裁裁决,请示报告中提到的案涉仲裁裁决还存在诸如首席仲裁员违反仲裁员独立性要求、阿尔斯通公司指定的仲裁员违反相关回避规定、仲裁程序与当事人约定适用的仲裁规则不符等理由,可不再提及。

【案例】最高院〔2012〕民四他字第 12 号复函中,针对韦斯顿瓦克公司申请承认与执行英国仲裁裁决案,最高人民法院认为,涉案《航次租船包运合同》第 39 条约定,双方合意指定的独任仲裁员将解决争议;或如一方不能回复对方的仲裁通知指定选择的仲裁员,该仲裁员将作为争议的独任仲裁员。如双方不能在送达仲裁通知后的 14 日内同意独任仲裁员的指定,争议将由 2 名仲裁员解决,各方指定 1 名仲裁员,若 2 名仲裁员在任何问题上不能达成一致,其将指定第三名仲裁员。在该案中,申请人韦斯顿瓦克公司发出指定麦克·贝克哈勃(Michael Baker-Harber)为仲裁员的通知后,中钢天铁公司并未同意由其作为独任仲裁员,而是另行指定陈某为另一名仲裁员。故涉案仲裁条款中约定的独任仲裁的条件并未成就,涉案纠纷的仲裁庭已经由2名仲裁员组成。后因陈某辞去仲裁员职务,该案涉及的问题为仲裁庭的空缺应当如何填补。根据1996年英国《仲裁法》第27条第2款、第3款,第16条第7款,第18条第2款的规定,申请人应当在通知被申请人之后申请法院作出仲裁庭组成的决定。但是,该案申请人韦斯顿瓦克公司并未向法院提出申请,而是由其指定的仲裁员进行了独任仲裁。该仲裁庭的组成不符合涉案仲裁条款的约定和1996年英国《仲裁法》的规定。根据《纽约公约》第5条第1款第丁项的规定,属于"仲裁庭的组成或仲裁程序同当事人间的协议不符,或者当事人之间没有这种协议的,同进行仲裁的国家法律不符"的情形,对该仲裁裁决应当不予承认和执行。

15. 不予承认和执行案例八:通知程序不符合仲裁规则

最高院〔2007〕民四他字第26号复函中,针对日本信越化学工业株式会社(以下简称信越会社)申请承认JCAA作出的仲裁,最高人民法院认为,该案仲裁裁决在作出的期限及相关通知程序方面与《JCAA商事仲裁规则》和日本《仲裁法》的相关规定不符,存在《纽约公约》第5条第1款第乙项、第丁项规定的情形。

针对通知程序,最高人民法院认为,《JCAA商事仲裁规则》第53.2条规定,"仲裁庭在前款审理终结时,应把将要作出裁决的期限通知当事人",仲裁庭在宣布2005年9月20日作出仲裁裁决后,直至实际作出裁决的2006年2月23日,没有按照《JCAA商事仲裁规则》的规定再次决定延期并通知当事人,构成了《纽约公约》第5条第1款第乙项规定的"受裁决援用之一造未接获关于指派仲裁员或仲裁程序之适当通知,或因他故,致未能申辩者"的情形。

16. 不予承认和执行案例九:其他违反法定程序

【重复仲裁】最高院〔2010〕民四他字第32号复函中,针对日本当事人信越会社申请承认JCAA作出的东京07－11号仲裁裁决,最高人民法院认为,JCAA仲裁庭在07－11号裁决前曾作出04－05号仲裁裁决,该裁决驳回了信越会社关于确认2004年1月至2008年12月31日的《长期销售及采购协议》可履行的仲裁请求,其理由为自2005年7月后,双方当事人之间已丧失信任关系、允许信越会社继续请求2005年8月之后的损失不公平。信越会社在本次仲裁中的请求是2005年8月至2008年3月的违约损失,其隐含了该时间段协议的可履行请求。因此,本次仲裁事项与前次仲裁程序中信越会社关于协议可履行的请求属同一仲裁事项,构成重复受理。仲裁终局力原则在该案当事人之间的仲裁协议(条款)中作出了明确约定,07－11号裁决的作出违反了该原则,构成仲裁程序与当事人协议不符,应适用《纽约公约》第5条第1款第丁项之规定予以拒绝承认。

【裁决期限不符合仲裁规则】最高院〔2007〕民四他字第26号复函中,针对信越会社申请承认JCAA作出的仲裁,最高人民法院认为,该案仲裁裁决在作出的期限及相关通知程序方面与《JCAA商事仲裁规则》和日本《仲裁法》的相关规定不符,存在《纽约公约》第5条第1款第乙项、第丁项规定的情形。

其中,针对裁决期限,最高人民法院认为,该案仲裁裁决在作出裁决的期限方面与《JCAA 商事仲裁规则》不符。根据上述《JCAA 商事仲裁规则》第 53.1 条的规定,“仲裁庭认为仲裁程序已进行得完全充分,可以进行裁决并决定终结审理程序时,仲裁庭应在作出该决定之日起 5 周内作出仲裁裁决;如果因为案情复杂或其他原因,仲裁庭认为有必要时,可以适当延长该期限,但不得超过 8 周”。2005 年 7 月 7 日,仲裁庭决定接受信越会社变更仲裁请求的申请,并结束审理。2005 年 8 月 31 日,仲裁庭宣布延后 20 天即 2005 年 9 月 20 日作出仲裁裁决,而实际作出仲裁裁决的日期为 2006 年 2 月 23 日,在决定结束审理之后,仲裁庭没有依照《JCAA 商事仲裁规则》的规定按期作出仲裁裁决。当事双方在合同中约定,由本协议产生和与本协议相关的所有纠纷在双方无法协商解决的情况下,根据《JCAA 商事仲裁规则》在日本东京进行仲裁。当事双方在合同中选择仲裁作为处理争议的方式,并明确约定了适用《JCAA 商事仲裁规则》,因此,《JCAA 商事仲裁规则》中的有关内容已经成为当事人协议的一部分。上述仲裁庭违反《JCAA 商事仲裁规则》以及日本《仲裁法》的行为构成了《纽约公约》第 5 条第 1 款第丁项规定的“仲裁机关之组成或仲裁程序与各造间之协议不符,或无协议而与仲裁地所在国法律不符”的情形。

六、人民法院涉外、涉我国港澳台地区仲裁司法审查小结

总体而言,人民法院在积极履行《纽约公约》义务,司法审查理念和裁

判思路日益成熟,对涉外裁决的承认与执行,整体上保持了低撤裁率、高承认和执行率,体现了人民法院对仲裁领域国际司法协助机制的友好支持态度。

第七章 【境外司法观察】境外仲裁司法审查

截至2022年7月8日,《纽约公约》共有170个缔约方,覆盖了全球大部分国家。目前,尚有朝鲜、也门以及部分非洲国家或地区未加入《纽约公约》。

本章通过公开渠道检索,查询并整理了部分国家或地区的境外仲裁司法审查统计数据和典型案例,其中特别关注了这些国家或地区对《纽约公约》的执行情况:

(一)我国香港特别行政区

我国香港特别行政区法院对仲裁裁决的司法审查持较审慎的态度,大多数境内仲裁机构作出的仲裁裁决依据《内地—香港安排》及其补充安排得到认可和执行。作为少数情形,近期有1例香港特别行政区法院不予认可和执行境内仲裁裁决的案例:

我国香港特别行政区高等法院原讼法庭(The Court of First Instance)就"广东顺德展炜商贸有限公司诉 Sun Fung Timber Company Limited 案"(〔2021〕HKCFI 3823),根据香港特别行政区《仲裁条例》(香港特别行政

区法例第609章)第95条撤销了此前关于执行湛江仲裁委员会仲裁裁决的命令。主要理由包括:

1. 仲裁协议在香港特别行政区法律下无效

法院注意到了合同的许多不同寻常的特征。卖方以人民币2.2亿元的高额价钱出售大量大理石,而买方仅在合同签订前3个月成立。合同金额相当于卖方2015年全部销售收入的62倍。合同约定卖方在合同签订后6日内交货,如有迟延,卖方应承担的违约金高达每日人民币220万元。而卖方多年来维持的现金及银行结余少于12,000港元。特别是,该合同在数量、涉及的产品、涉及的价格等方面与买卖双方之前的合同性质和规模都不同。法官因此认定,相关证据显然不能证明签字人具有签订合同的默示授权,因此其中包含的仲裁协议无效。

2. 被申请人未获得适当的仲裁通知

在该案中,法官认为没有证据表明仲裁通知书已送达卖方。裁决本身并未记载向卖方送达仲裁文件的事实、细节或方式。虽然送达地址是卖方注册办事处地址,但卖方已出售该物业。除签字人外,卖方公司内没有人收到仲裁通知。

3. 执行仲裁裁决会违反我国香港特别行政区的公共政策

综合考虑案件材料,包括合同的时间安排、合同条款以及合同签订时公司的通常业务模式和财务状况之后,法官认为,相关交易是由签字人策划,交易真实性存疑,允许执行此类裁决将违反我国香港特别行政区的公共政策。

(二)南亚和东南亚

1. 印度:印度是《纽约公约》缔约方,但尚未正式承认《纽约公约》的所有签署方。如果外国裁决是在《纽约公约》缔约方作出的,仅在印度官方公报该缔约方是《纽约公约》适用的对象,印度法院才会执行相应国家或地区的裁决。至2015年时,印度政府在官方公报中公告了不到1/3的《纽约公约》签署方。这意味着,在与印度对手方交流时,仲裁地的选择非常重要,该地不仅需要是《纽约公约》缔约方,而且需是印度官方公报中已公告的适用《纽约公约》的缔约方。①

此外,印度法院过去曾以广泛的方式解释公共政策,拒绝执行被认为违反印度法律基本政策、印度利益或正义和道德的裁决。在某一时期,印度最高法院认为,"公共政策"理由将适用于仲裁庭错误适用印度法律的情况。这实际上意味着,在适用法律是印度法时,当事方可以在很多情况下向印度法院提出不予执行仲裁裁决(印度最高法院后来澄清,这种解释仅适用于国内仲裁裁决)。②

2020年4月22日,印度最高法院决定不予执行一项在伦敦作出的外国仲裁裁决,主要理由是,基础合同因为合同约定的紧急事件发生而无效,

---

① Rob Palmer, *Enforcing Awards under the New York Convention-tips and traps*, ashurst, Accessed Aug. 1, 2015, https://www. ashurst. com/en/news-and-insights/legal-updates/enforcing-awards-under-the-new-york-convention-tips-and-traps-august-2015/.

② Rob Palmer, *Enforcing Awards under the New York Convention-tips and traps*, ashurst, Accessed Aug. 1, 2015, https://www. ashurst. com/en/news-and-insights/legal-updates/enforcing-awards-under-the-new-york-convention-tips-and-traps-august-2015/.

如果继续执行该仲裁裁决将导致违反印度的公共政策。相关纠纷发生在1981年前后,当时买卖双方签订了货物买卖合同,但由于印度政府拒绝授予出口许可,卖方无法向买方出口约定数量的货物。而依据双方的合同约定,在合同期内,如果政府的行政命令或立法禁止出口,此类限制应被双方接受并适用于合同。该条款进一步约定,如果有证据证明无法运货,将取消合同的履行。纠纷发生后,买方向位于伦敦的FOFSA提起仲裁。卖方则以双方合同中没有约定仲裁条款为由,要求暂停仲裁程序。此后经过印度德里高等法院和印度最高法院以及FOFSA的多轮沟通,印度最高法院最终决定FOFSA可以继续推进仲裁程序。之后,FOFSA在1989年出具裁决,支持了买方的请求。卖方则向FOFSA的上诉委员会提起上诉,但上诉委员会维持了原裁定。1993年,买方申请执行该裁决,卖方申请不予执行。针对各方的诉请,印度最高法院对案件进行了详细的审理,包括卖方是否因政府禁令而无法履行合同,并因此导致合同无效,最终作出不予执行的决定。在该案中,印度最高法院实际上对争议实质问题和法律适用进行了细致的审理,是此前较少见的处理方式,也因此受到了较大质疑。①

2. 越南:越南是《纽约公约》缔约方。值得注意的是,越南拒绝承认和执行违反越南法律"基本原则"的裁决,导致在实践中越南法院倾向将各

① *India—Supreme Court Refuses Enforcement of Foreign Arbitral Award Finding Underlying Contract Void* (*National Agricultural Cooperative Marketing Federation of India v. Alimenta*), Accessed June 1, 2022, http://nishithdesai.com/Content/document/pdf/Articles/200619_A_India_SC_refuses_enforcement_of_foreign_arbitral_award_finding_underlying_contract_void.pdf.

类违反越南法律的情况作为拒绝执行裁决的理由。[①] 因此,被越南法院驳回的执行外国仲裁裁决申请的比例非常高。例如,2005～2014年,最高法院驳回了46%的外国仲裁裁决执行申请(52件中的24件)。[②] 在"Toepfer v. Sao Mai (2011)案"中,越南最高人民法院即认为,债权人未能减轻其损失,违反了越南《民法典》第6条规定的善意原则。并据此认为,英国仲裁庭(GAFTA)裁决的违约赔偿金与越南有关实际和直接损害赔偿的法律相冲突,构成裁决无效事由。

近年来,越南在尝试减少不合理撤销的裁决数量。越南最高人民法院为此发布相关决议,2015年的越南《民事诉讼法》被认为促使越南的法律制度对仲裁更加友好,同时降低了执行申请被拒绝的发生率。例如,河内市人民法院在2014～2017年驳回了33%的申请,胡志明市人民法院在2011～2018年驳回了31%的申请。[③]

3. 缅甸:缅甸于2013年加入《纽约公约》,此后较长的一段时间内未制定国内实施规范,导致在缅甸依照《纽约公约》承认和执行外国仲裁裁决方面存在障碍。2016年,缅甸制定了新《仲裁法》,明确规定缅甸法院应当协助执行仲裁地不为缅甸的境外仲裁裁决,除非有缅甸《仲裁法》第46条第b款规定的仲裁协议当事人无行为能力、仲裁协议依照适用法律无效、仲裁当事

① 载https://www.hkiac.org/zh-hans/arbitration/why-choose-hkiac,最后访问日期:2022年6月1日。

② *Enforcement of Foreign Arbitral Awards in Vietnam*, Accessed Apr. 27, 2020, https://www.wfw.com/articles/enforcement-of-foreign-arbitral-awards-in-vietnam/.

③ *Enforcement of Foreign Arbitral Awards in Vietnam*, Accessed Apr. 27, 2020, https://www.wfw.com/articles/enforcement-of-foreign-arbitral-awards-in-vietnam/.

人未获得适当通知或未能陈述意见、争议不在仲裁范围内、仲裁庭组成或程序违反约定或法律规定、仲裁裁决尚未生效或被撤销等例外情形。当事人申请在缅甸执行外国仲裁裁决时,需要提供经其所在国公证认证的裁决和相关资料。在执行外国仲裁裁决时,缅甸法院应当依据现有《民事程序法》采取相应措施,同时可以基于违反国家利益等理由,拒绝执行该裁决。[①]

4. 印度尼西亚:印度尼西亚是《纽约公约》缔约方。印度尼西亚最高法院在2020年发布了裁决执行程序指南,其中规定,与国内仲裁裁决登记有关的规定也适用于国际仲裁裁决。据此,国际仲裁裁决的承认和执行首先需要在印度尼西亚的法院完成登记,而登记需由仲裁庭或其代理人(不是胜诉方)办理。因此,当事人应在作出裁决之前从仲裁庭获得授权以进行登记。[②]此外,印度尼西亚的《仲裁法》授权雅加达中部地区法院对外国仲裁裁决签发认可(exequatur),认可后即与法院判决等同,在对方不主动履行的情况下可以申请执行令(writ of execution)。[③] 在执行阶段,印度尼西亚法院不会

---

① *The Arbitration Law* (*The Pyidaungsu Hluttaw Law No.* 5, 2016) *The* 10*th Waning of Nadaw*, 1377 M. E., Accessed June 10, 2022, https://www.mlis.gov.mm/mLsView.do;jsessionid=8A2E6B90F83F1199F7453B49FBB58EDB? lawordSn=9668.

② Rob Palmer, Prawidha Murti, *Enforcing Arbitral Awards in Indonesia-a Q & A with Rob Palmer and Prawidha Murti*, ashurst, Accessed Oct. 7, 2021, https://www.ashurst.com/en/news-and-insights/legal-updates/enforcing-arbitral-awards-in-indonesia-a-qa-with-rob-palmer-and-prawidha-murti/.

③ *Dispute Resolution Around the World Indonesia*, Accessed June 10, 2022, https://www.bakermckenzie.com/-/media/files/insight/publications/2016/10/dratw/dratw_indonesia_2009_updated.pdf? la=en#page=18&zoom=100,69,537.

进行财产调查,因此需要依赖当地的财产调查公司完成财产线索的收集。①

印度尼西亚法院较尊重仲裁效力,仅在少数案例中不予承认和执行外国仲裁裁决,例如,在"Astro Nusantara Bv 等诉 PT Ayunda Primamitra 案"中,因仲裁庭发布的禁诉令违反了印度尼西亚的公共政策,相关裁决的执行申请被拒绝。②

5. 菲律宾:菲律宾是《纽约公约》缔约方,对外国仲裁裁决的承认和执行制定了较详细的国内规范。按照当地规范,法院不能干扰仲裁庭对事实的认定和对法律的解释,不得以明显的法律或事实错误为由拒绝承认和执行外国仲裁裁决。③

(三)欧洲

1. 法国:作为《纽约公约》缔约方,法国对外国仲裁裁决的司法审查持审慎态度,特别是针对公共政策,巴黎上诉法院发展出了一系列国际公共政策规则并为异议方设置了较高的证明门槛。其中,腐败被认为是对国际公共政策的明显违反。2016 年,法国巴黎上诉法院拒绝执行 LMAA 的仲

① Rob Palmer, Prawidha Murti, *Enforcing Arbitral Awards in Indonesia-a Q & A with Rob Palmer and Prawidha Murti*, ashurst, Accessed Oct. 7, 2021, https://www.ashurst.com/en/news-and-insights/legal-updates/enforcing-arbitral-awards-in-indonesia-a-qa-with-rob-palmer-and-prawidha-murti/.

② Rob Palmer, Prawidha Murti, *Enforcing Arbitral Awards in Indonesia-a Q & A with Rob Palmer and Prawidha Murti*, ashurst, Accessed Oct. 7, 2021, https://www.ashurst.com/en/news-and-insights/legal-updates/enforcing-arbitral-awards-in-indonesia-a-qa-with-rob-palmer-and-prawidha-murti/.

③ *The Asia-Pacific Arbitration Review* 2020 *Philippines*, Accessed June 10, 2022, https://globalarbitrationreview.com/review/the-asia-pacific-arbitration-review/2020/article/philippines.

裁裁决,理由是基础合同因腐败而受到非法性影响。[①]

在该案中,瑞士卖方与法国买方签订了一份价值约850万美元的货物托运合同,交货目的地在非洲。后因延误,瑞士卖方索赔滞期费并根据LMAA规则启动仲裁。仲裁庭裁决法国买方向瑞士卖方支付100万美元。瑞士卖方获得了在法国执行裁决的法院命令,但法国买方对该命令提出上诉。该案的特殊之处在于,在仲裁程序开始时,法国买方即对瑞士卖方及其1名雇员提起诉讼,指控其存在腐败行为。在刑事诉讼中,瑞士卖方被指控在法国买方不知情的情况下,在18个月内向法国买方雇员的离岸账户累计支付了850,000欧元。作为回报,该员工未经投标和谈判,即选择瑞士卖方承担法国买方约80%的采购事务(其中有关卸货港的交货时间约定不具有现实性),法国刑事法院最终裁定瑞士卖方及其雇员触犯腐败罪。瑞士卖方没有对该决定提出上诉。2016年9月27日,考虑到刑事法院的裁决,巴黎上诉法院以承认或执行此类仲裁裁决将违反法国的国际公共政策为由,推翻了最初的执行令。[②]

2. 爱尔兰:在2020年12月31日英国“脱欧”程序完成后,爱尔兰成为欧盟仅存的说英语的普通法司法辖区。爱尔兰是《纽约公约》缔约方,爱尔兰的所有仲裁(包括国内和国际仲裁)均受2010年《仲裁法》管辖,该法

① Andrew Tetley Aurélie Lopez, *Enforcement of Arbitral Award Refused: A Tale of Dirty Deals, Demurrage And Discontent*, Reed Smith Client Alerts, Accessed Jan. 10, 2017, https://www.reedsmith.com/zh-hans/perspectives/2017/01/enforcement-of-arbitral-award-refused-a-tale-of-di.

② Andrew Tetley Aurélie Lopez, *Enforcement of Arbitral Award Refused: A Tale of Dirty Deals, Demurrage And Discontent*, Reed Smith Client Alerts, Accessed Jan. 10, 2017, https://www.reedsmith.com/zh-hans/perspectives/2017/01/enforcement-of-arbitral-award-refused-a-tale-of-di.

纳入了《示范法》。其中,撤销仲裁裁决的事由仅限于《示范法》中规定的理由。爱尔兰法院拒绝执行外国仲裁裁决的最著名的案例是"Yukos Capital S. A. R. L 诉 OAO Tomskneft VNK [2014] IEHC 115 案"。在该案中,原告此前曾寻求在被告的母国俄罗斯执行 ICC 的仲裁裁决,但被俄罗斯法院以违反俄罗斯公共政策为由拒绝了。原告随后寻求在爱尔兰法院执行,爱尔兰法院法官认为,由于被告在爱尔兰没有资产,而且最初提交 ICC 的案件与爱尔兰没有任何关系。因此,爱尔兰高等法院可以运用其酌处权拒绝在该司法管辖区执行裁决。①

3. 西班牙:西班牙是《纽约公约》缔约方。根据相关文章,②近年来,西班牙的仲裁案件显著增加。其中,马德里高等法院处理了大量的撤销仲裁裁决的申请。统计数据显示,2015 ~ 2016 年,马德里高等法院处理了不少于 124 件撤销仲裁申请,其中 33 件(包括国内和国际仲裁)撤销或部分撤销成功,撤裁成功率高达 26.6%。在 2018 年 4 月 5 日作出的判决(案件编号 6/2017)中,马德里高等法院撤销了一个仲裁裁决,主要理由为仲裁庭"无理地遗漏了对与案件解决相关的证据进行评估"。

---

① John O'Riordan, *Enforcement of Foreign Arbitral Awards in Ireland*, Accessed June 10, 2022, https://www.dilloneustace.com/legal-updates/enforcement-of-foreign-arbitral-awards-in-ireland.

② Alessandro Spinillo, *Madrid High Court of Justice and the Setting Aside of Arbitral Awards*, Kluwer Arbitration, Accessed Sept. 11, 2018, http://arbitrationblog.kluwerarbitration.com/2018/09/11/madrid-high-court-of-justice-and-the-setting-aside-of-arbitral-awards/; David J. A. Cairns, *Judicial Activism and Spanish Arbitration*, Kluwer Arbitration, Accessed Jun. 16, 2017, http://arbitrationblog.kluwerarbitration.com/2017/06/14/judicial-activism-spanish-arbitration/.

4. 波兰:波兰是《纽约公约》缔约方。根据相关文章,[①]2016～2020年,波兰仅有7.24%的程序以仲裁裁决被撤销而告终。其中,撤销仲裁裁决最常见的理由(57%)是违反公共政策条款;其余为仲裁庭的组成或程序违反规则(24%),没有仲裁协议或仲裁协议无效(14%),裁决是基于伪造或窜改文件作出(3%),争议不具有可仲裁性(2%)。

(四)美洲

1. 美国:美国是《纽约公约》缔约方。在2002年的“Monegasque de Reassurances SAM诉Nak Naftogaz of Ukraine案”中,作为一家乌克兰企业,被告辩称乌克兰法院作为执行管辖法院更便利,因此以便利管辖为由请求驳回执行程序。美国第二巡回上诉法院支持了该主张。与此相反,在2005年“TMR Energy Ltd诉乌克兰国家财产基金(TMR Energy)案”中,被告辩称,相关诉讼程序已经在瑞典和乌克兰进行,因此本次执行程序应以便利管辖为由驳回,该主张被地区法院驳回,美国哥伦比亚特区巡回维持原判。美国第二巡回上诉法院的观点受到了较多质疑,许多国际仲裁学者认为,不应允许便利管辖原则阻碍《纽约公约》的执行。[②]

2. 巴西:巴西是《纽约公约》缔约方。由巴西仲裁委员会组织进行并

① Maria Labno, *How often are arbitration awards set aside? Analysis of Polish case law shows that they rarely are*, Linklaters, Accessed May 24, 2022, https://www.linklaters.com/en/insights/blogs/arbitrationlinks/2022/may/how-often-are-arbitration-awards-set-aside.

② Mark W. Friedman, Floriane Lavaud and Natalie L Reid Debevoise & Plimpton LLP, *Forum Non Conveniens as Bar to Enforcement*, Global Arbitration Review, Accessed Aug. 17, 2016, https://globalarbitrationreview.com/review/the-arbitration-review-of-the-americas/2017/article/forum-non-conveniens-bar-enforcement.

由巴西仲裁学生协会于2016年发布的一项调查显示,2008～2015年的61项关于外国仲裁裁决的承认和执行决定中,只有8项(5项全部和3项部分)因违反巴西的公共政策未得到认可。①

2018年,巴西最高法院拒绝承认和执行2起美国的仲裁裁决,引起较多关注。其中1个案件是对ICC仲裁裁决的司法审查。在该案中,当胜诉方申请执行仲裁裁决时,对方提出,首席仲裁员的律所同事提供了许多涉及胜诉方的法律咨询,但首席仲裁员没有披露,并存在明显的偏袒。巴西最高法院之后以8∶1拒绝承认该裁决。多数意见认为,有足够的信息可以得出首席存在偏袒的结论。大多数人进一步认为,决策者的偏袒违反了巴西的宪法原则,因此也违反了巴西的公共政策。②

3. 阿根廷:阿根廷是《纽约公约》的缔约方。针对外国仲裁裁决的承认和执行,当事人需要从当地法院获得认可令(exequatur)后方可申请执行。在裁决违反阿根廷公共政策时,法院可拒绝批准此类命令。③

针对公共政策的认定,2019年9月24日,阿根廷联邦最高法院在"Deutsche Rückversicherung AG案"中作了进一步限制:

---

① María Eduarda Lemgruber (King & Spalding LLP), *Recognition of Foreign Arbitral Awards in Brazil: The Abengoa Decision One Year On*, Kluwer Arbitration, Accessed May 3, 2018, http://arbitrationblog.kluwerarbitration.com/2018/05/03/recognition-foreign-arbitral-awards-brazil-abengoa-decision-one-year/.

② María Eduarda Lemgruber (King & Spalding LLP), *Recognition of Foreign Arbitral Awards in Brazil: The Abengoa Decision One Year On*, Kluwer Arbitration, Accessed May 3, 2018, http://arbitrationblog.kluwerarbitration.com/2018/05/03/recognition-foreign-arbitral-awards-brazil-abengoa-decision-one-year/.

③ 载https://cms.law/en/int/expert-guides/cms-expert-guide-to-international-arbitration/argentina,最后访问日期:2022年6月10日。

德国再保险公司(Deutsche Rückversicherung AG,DRAG)在纽约的国际仲裁程序中获得对国家储蓄银行和清算保险(Caja Nacional de Ahorro y Seguro enliquidación,Caja Nacional)有利的裁决后,请求在阿根廷布宜诺斯艾利斯的联邦法官承认和执行该裁决。阿根廷联邦法官认为裁决不符合第23.892号和第25.565号法律规定的公共债务合并制度,违反了阿根廷的公共秩序,并因此拒绝承认和执行该裁决。当事人上诉后,阿根廷法院最终承认和执行了该仲裁裁决。阿根廷联邦最高法院认为,在外国仲裁裁决的承认和执行中,法官不能审查争议的实质,也不能修改外国裁决,只有有限的管辖权来决定其承认和执行。在该案中,没有任何证据证明存在违反《纽约公约》第5条规定的拒绝承认和执行外国仲裁裁决的任何事由,因此该裁决应得到承认和执行。①

(五)中亚、西亚、北亚

1.哈萨克斯坦:哈萨克斯坦是《纽约公约》缔约方。据粗略统计,大约89%的外国仲裁裁决被哈萨克斯坦法院承认和执行。其余11%拒绝承认和执行的案件中,相关理由包括没有适当的通知、协议无效、相关破产程序的安排与哈萨克斯坦法律不符、仲裁裁决被撤销、没有证据证明仲裁裁决生效、没有证据证明在哈萨克斯坦境外全部或部分执行。②

---

① Federico Campolieti and Santiago Peña Bomchil, *The International Arbitration Review: Argentina*, The Law Reviews, Accessed Jul. 14, 2022, https://thelawreviews.co.uk/title/the-international-arbitration-review/argentina.

② 载 https://chambers.com/articles/enforcement-of-foreign-arbitral-awards-in-kazakhstan-main-points-and-useful-statistics,最后访问日期:2022年6月10日。

2. 伊朗:伊朗是《纽约公约》缔约方。值得注意的是,伊朗《宪法》第139条规定,将与公共事务和国家资产相关的事宜提交仲裁需经部长会议的批准并通知国会。在争议一方是外国方或争议涉及重要的国内事项时,还需取得国会的批准。该规定是否适用于与伊朗国有企业相关的纠纷存在争议。此外,根据伊朗《民法》和《国际商事仲裁法》,如果伊朗国民(自然人和法人)与非伊朗国籍方签订仲裁协议,约定由与非伊朗国籍方相同国籍的仲裁员进行仲裁的,该仲裁协议无效。[①] 以上情况均可能影响外国仲裁裁决在伊朗的承认和执行。

3. 沙特阿拉伯:沙特阿拉伯是《纽约公约》缔约方。在涉及外国仲裁裁决的承认和执行时,较特殊的地方在于,沙特阿拉伯将伊斯兰教法作为公共政策的一类,沙特阿拉伯法官拥有较大的自由裁量权,可以根据自己对伊斯兰教法的解释作出承认或不予承认的裁决,这可能导致沙特阿拉伯法官对承认和执行外国仲裁裁决进行实质审查。[②]

4. 土耳其:土耳其是《纽约公约》缔约方,但在土耳其承认和执行外国仲裁裁决的成本较高,主要涉及两方面因素:第一,按照土耳其的法律及司法实践,与土耳其一方的合同和交易需要使用土耳其语言。这引发了一个争议,即如果仲裁条款不是用土耳其语言书写,仲裁协议是否有

---

① 载 https://cms. law/en/int/expert-guides/cms-expert-guide-to-international-arbitration/iran,最后访问日期:2022 年 6 月 10 日。

② *Enforcement of Foreign Judgments and Arbitral Awards in the Kingdom of Saudi Arabia*, Accessed June 10, 2022, https://www. shearman. com/ ~/media/Files/NewsInsights/Publications/2016/09/Saudi-Arabia-Publications/Enforcement-of-Foreign-Judgments-and-Arbitral-Awards-in-the-Kingdom-of-Saudi-Arabia. pdf.

效。2012年、2014年和2016年,土耳其上诉法院就该问题作出了3项不同的裁决。法院在其2012年的裁决中维持了以英文起草的仲裁条款的有效性,但在2014年和2016年的裁决中拒绝承认类似仲裁条款的有效性(尽管这些合同受瑞士法律的管辖)。第二,土耳其基层法院有可能会任命独立专家来确定外国仲裁裁决是否违反土耳其公共政策,这意味着外国裁决的命运将由法院指定的专家决定,增加了结果的不确定性。①

5. 俄罗斯:俄罗斯是《纽约公约》缔约方。2018年11月,RAA发表了关于2008~2017年《纽约公约》在俄罗斯适用情况的研究报告。该研究共统计了向俄罗斯法院提交的472份承认和执行外国仲裁裁决申请的情况。其中,378个(80%)被批准,45个(少于10%)被驳回,49个(超过10%)未被接受,未批准的主要原因是程序问题。此外,根据该研究,针对承认和执行外国仲裁裁决申请提出的异议理由中,主要理由是违反公共政策(42起)、缺乏适当通知(34起案件)和仲裁员超裁(13起案件)。有律师针对前述数据作了进一步分析后认为,首先,承认和执行率受金额大小影响:在价值在100万~1000万欧元的案件中,有77%的申请成功(46份申请中有11份被拒绝);一旦金额超过1000万欧元,成功率就会下降到34%左右(29个案例中有19个申请被拒绝)。其次,较高的成功率和大部分案件中

① Ergin Mizrahi, *Enforcing foreign arbitral awards in Turkey-not so easy and not so cheap*, Accessed June 10, 2022, https://www.inhouselawyer.co.uk/legal-briefing/enforcing-foreign-arbitral-awards-in-turkey-not-so-easy-and-not-so-cheap/.

被执行人没有提出异议有关。[1]

(六)非洲

非洲是"一带一路"的重要区域。该区域的国家众多,受英国、法国、葡萄牙的影响,非洲地区现有的法律体系也复杂多样,法律传统融合了普通法、大陆法,甚至是伊斯兰法的内容,增加了外国投资者的投资难度和风险。特别是,尚有利比亚、乍得、纳米比亚、西撒哈拉、索马里、厄立特里亚、多哥、冈比亚、几内亚比绍、刚果(布拉柴维尔)、赤道几内亚、斯威士兰、南苏丹等未加入《纽约公约》,约占了非洲国家或地区的1/3,这对外国仲裁裁决的承认和执行提出了挑战。

针对仲裁的执行,许多非洲国家通过采纳《示范法》、OHADA《统一仲裁法》进行处理。此外,许多非洲国家还签订有双边投资保护协定或多边投资条约,这些规范也为投资仲裁提供了依据。[2]

在具体执行中,不同国家对公共政策的解读差异较大。例如,在埃及,违反埃及的司法先例也可能被埃及法院作为拒绝承认和执行外国仲裁裁决的理由。[3] 在南非,涉及矿石开采、生产、进出口、精炼、加工、使用、销售

---

① Andrey Panov, *Enforcement of foreign arbitral awards in Russia: what we can learn from recent statistics?*, Practical Law Arbitration, Accessed Feb. 4, 2019, http://arbitrationblog.practicallaw.com/enforcement-of-foreign-arbitral-awards-in-russia-what-we-can-learn-from-recent-statistics/.

② James M. Duckworth Squire Patton Boggs, *The Enforcement of Arbitral Awards in Sub-Saharan Africa*, https://www.squirepattonboggs.com/-/media/files/insights/publications/2017/06/the-enforcement-of-arbitral-awards-in-sub-saharan-africa/africa-arbitral-awards.pdf.

③ 载 https://eg.andersen.com/the-competent-authority-to-implement-foreign-arbitration-awards/,最后访问日期:2022年6月10日。

等的相关裁决,除法律允许外,在南非不能被执行(该规定的范围较宽泛,但实际执行范围窄了很多)。[①] 这些差异必然会影响到外国仲裁裁决在非洲不同国家或地区的承认和执行。

① Jason Smit, *Enforcement of local and foreign arbitral awards in South Africa*, Pinsent Masons, Accessed Nov. 17, 2021, https://www.pinsentmasons.com/out-law/guides/enforcement-of-local-foreign-arbitral-awards-south-africa.